贵州出版集团有限公司出版专项资金资助

乡村振兴与农村产业发展

辣椒产业发展实用指南

吴拥军 ◎ 主编

贵州出版集团

贵州人民出版社

图书在版编目（CIP）数据

辣椒产业发展实用指南 / 吴拥军主编. -- 贵阳：
贵州人民出版社，2021.12
（乡村振兴与农村产业发展丛书）
ISBN 978-7-221-16856-6

Ⅰ.①辣… Ⅱ.①吴… Ⅲ.①辣椒—产业发展—贵州
—指南 Ⅳ.①F326.13-62

中国版本图书馆CIP数据核字(2021)第233407号

辣椒产业发展实用指南
LAJIAO CHANYE FAZHAN SHIYONG ZHINAN
吴拥军　主编

出 版 人　王　旭
责任编辑　唐　博
封面设计　谢安东
出版发行　贵州出版集团　贵州人民出版社
社　　址　贵州省贵阳市观山湖区会展东路SOHO办公区A座
邮　　编　550081
印　　刷　贵州新华印务有限责任公司
规　　格　890mm×1240mm　1/32
字　　数　130千字
印　　张　6
版　　次　2021年12月第1版
印　　次　2021年12月第1次印刷
书　　号　ISBN 978-7-221-16856-6
定　　价　29.00元

《乡村振兴与农村产业发展丛书》编委会

《辣椒产业发展实用指南》编委会

主　　　编：吴拥军

副　主　编：耿广东　金　晶

编　　　委：付　浩　佟硕秋　张林成　王修俊

　　　　　　苏　伟　李　升　姜昱雯

审　　　稿：夏忠敏　丁筑红

前　言

党的十八大以来，以习近平同志为核心的党中央把脱贫攻坚摆在治国理政的突出位置，组织实施了人类历史上规模最大、力度最强、惠及人口最多的脱贫攻坚战，完成了消除绝对贫困的艰巨任务，创造了彪炳史册的人间奇迹。贵州作为全国脱贫攻坚主战场之一，得到了习近平总书记的亲切关心和特殊关怀。贵州各族干部群众在贵州省委、省政府的团结带领下，牢记嘱托、感恩奋进，向绝对贫困发起总攻，66个贫困县全部摘帽，923万贫困人口全部脱贫，减贫人数、易地扶贫搬迁人数均为全国之最，在国家脱贫攻坚成效考核中连续5年为"好"，在贵州大地上书写了中国减贫奇迹的精彩篇章。经过这场感天动地的脱贫攻坚大战，贵州经济社会发展实现历史性跨越，山乡面貌发生历史性巨变，农村产业取得历史性突破，群众精神风貌实现历史性转变，基层基础得到历史性巩固，实现了贵州大地的"千年之变"。

贵州是中国唯一没有平原支撑的省份，93%的土地由丘陵和山地构成，难以开展规模化农业生产，因地制宜发展特色农业成为必然。"十三五"期间，贵州省委、省政府围绕农业供给侧结构性改革，聚力发展现代山地特色高效农业，创新性地成立了农村产业发展工

辣椒产业发展实用指南

作专班和专家团队，主抓茶叶、蔬菜、辣椒、食用菌、水果、中药材、生猪、牛羊、生态家禽、生态渔业、刺梨、特色林业等12个农业特色优势产业。贵州现代山地特色高效农业发展取得明显进展，12个农业特色优势产业持续壮大，其中，茶叶、辣椒、李子、刺梨、蓝莓种植（栽培）规模位列全国第一，猕猴桃、薏仁、太子参等产业规模进入全国前三；蔬菜、食用菌、火龙果等产业规模进入全国第一梯队；农民增收渠道持续拓宽，农产品精深加工快速推进，农村创新创业热火朝天。贵州大学积极响应省委、省政府号召，发挥自身专业特长，成立12个农业特色优势产业专班，为贵州12大特色优势产业提供强有力的科技支撑，为贵州取得脱贫攻坚全面胜利做出了突出贡献。

脱贫摘帽不是终点，而是新生活、新奋斗的起点。实现巩固拓展脱贫攻坚成果同乡村振兴有效衔接、推进乡村全面振兴是"十四五"期间农村工作特别是脱贫地区农村工作的重点任务。2021年2月，习近平总书记视察贵州时提出，贵州要在新时代西部大开发上闯新路，在乡村振兴上开新局，在实施数字经济战略上抢新机，在生态文明建设上出新绩。这是习近平总书记为贵州下一步发展所作的战略部署。

乡村振兴是包括产业振兴、人才振兴、文化振兴、生态振兴、组织振兴在内的全面振兴，其中产业振兴是乡村振兴的基础和关键。"十四五"时期，贵州省委、省政府坚持以高质量发展统揽全局，巩固拓展脱贫攻坚成果，全面推进乡村振兴。实施乡村振兴战略的总目标是农业农村现代化。农业现代化的关键是农业科技现代化。

我国正由农业大国向农业强国迈进，必须牢牢掌握农业科技发展的主动权，大力发展农业科技，赋能农业现代化和高质量发展。乡村产业振兴使贵州农业发展方式实现根本性转变，开启了贵州农业农村现代化的新征程。

高质量推进乡村产业振兴，重在因地制宜、突出特色、精准规划。为响应党中央和贵州省委、省政府的号召和部署，加快推进贵州农业现代化和进一步做大做强农业特色优势产业，我们编写了《乡村振兴与农村产业发展丛书》，通过对农村产业进行精准定位，具体分析各产业发展的人口、人文、气候、地理、自然资源、传统优势、政策扶持、市场等因素，发掘产业发展的独特优势，构建现代产业结构和体系，积极为贵州农业高质量发展贡献力量，为建设现代山地特色高效农业强省提供行动指南。

该套丛书具有很强的科学性、系统性、知识性和可读性，并突出其实用性和指导性。既有理论论述，又有实践经验，既有政策分析，又有路径方法，可学可用，对广大农业科技工作者，全省各级干部、大专院校师生等具有重要参考价值。

编者

2021 年 12 月

辣椒产业发展实用指南

CONTENTS

目 录

辣椒产业发展实用指南

第一章
贵州辣椒产业发展现状和思路

一、贵州辣椒产业发展形势

（一）发展现状

贵州是全国优质辣椒的主产区，拥有全国唯一的国家级辣椒市场，发展辣椒产业基础良好，势头强劲。"十三五"期间，省委、省政府高度重视辣椒产业发展，将其列为全省深入推进农村产业革命的 12 个农业特色优势产业之一重点打造。全省上下立足贵州山地农业资源条件和产业基础，以市场为导向，以科技为支撑，狠抓集约化育苗、规模化基地、加工和品牌宣传、金融创新、产业集群等重点项目建设，推动辣椒产业高质量发展，"产加销"规模位居全国首位，助力脱贫攻坚成效显著，辣椒产业已成为农业结构调整和农民增收的重要途径。

1. 种植规模逐年扩大。近年来，贵州省辣椒产业规模稳步扩大，种植面积、总产量和总产值持续增长。其中，2018 年，全省种植面积 503 万亩，产量 567 万吨，产值 162 亿元；2019 年，全省种植面积 512 万亩，较 2018 年增加 1.7%，产量 680 万吨，较

2018 年增加 19.6%，产值 229 亿元，较 2018 年增加 41.2%；2020年，全省种植面积 545 万亩，较 2019 年增加 6.5%，产量 724 万吨，较 2019 年增加 6.5%，产值 230 亿元，较 2019 年增加 0.5%。实现良种覆盖率提高到 95% 以上，集中育苗率提高到 60% 以上；建成490 个标准化示范基地 150 万亩。

2. 产业布局逐渐优化。贵州省基本形成了北部加工辣椒产业带和南部鲜食辣椒产业带，其中在贵州北部，通过辣椒加工产业集群发展，黔北—黔东北加工朝天椒产区、黔西北加工线椒产区为主的加工辣椒产业带雏形已现，区位优势凸显；贵州南部，鲜食辣椒种植面积、产量和产值分别占全省辣椒总量的 30% 以上，形成了黔南—黔东南干鲜两用辣椒产区、黔中鲜食红椒产区、南部河谷鲜食青椒产区为主的南部鲜食辣椒产业带，两条产业带实现了产业差异化发展，既发挥了南北不同地理的气候优势，又实现了全省辣椒市场周年供应，生产布局更加优化。

3. 加工能力稳步提升。通过千企改造，支持加工企业设备、装备提升，扩能升级，研发新产品，延伸加工产业链，推动我省辣椒加工业快速发展。冷库和烘干设施得到快速建设，当前全省有烘干线 623 条，日烘干能力 11706 吨，烘干能力大幅度提升。经营主体持续扩大，加工企业 302 家，较"十二五"末的 150 家增长101.33%，其中农业产业化国家级龙头企业 4 家，省级龙头企业 51家，市级龙头企业 79 家。2020 年，全省辣椒加工产值 135 亿元，生产 9 大系列 70 多种产品，以油辣椒、辣椒干、辣椒面、发酵辣椒等为主的系列调味品，扩大到适应年轻人消费需求的香辣脆、辣椒冰淇淋、辣椒巧克力等为辅的休闲食品，加工产品类型逐步多样化。

4.市场体系逐步健全。2017年投入运营的遵义"中国辣椒城"是全国最重要的干辣椒集散地、西南地区最大的辣椒交易中心，2019年干辣椒年交易量超过40万吨，交易额80余亿元。2020年贵州省人民政府与农业农村部共建的全国唯一国家级辣椒专业批发市场落户遵义；发布运行遵义朝天椒、山东新一代、河南三樱椒和印度进口辣椒等4支辣椒价格指数，逐步打造全国辣椒信息发布中心、产品交易中心和价格发布中心，发挥价格指数"晴雨表"作用，"中国辣椒、遵义定价、买卖全球"的格局正在逐步形成。贵州正以遵义"中国辣椒城"为中心，以播州、新蒲、绥阳、湄潭、凤冈、余庆、正安、大方、威宁、瓮安、金沙等县（区）的重要产地乡镇集市为纽带的干（鲜）辣椒集散市场，以贵阳地利农产品物流园（石板镇）、贵阳北部农产品物流园（扎佐）、黔匀和农产品物流园、黔西北农产品物流园等为核心的市场交易体系逐步形成。

5.品牌影响明显增强。"十三五"期间，着力多层次、多维度推进贵州辣椒品牌建设，品牌体系初步形成。省级公共品牌积极创建，"生态贵椒·香辣天下"宣传主题在央视和重庆等6家省级卫视广泛传播，进一步提升了"贵椒"的美誉度、知名度，扩大了品牌影响力和市场占有率。遵义朝天椒、大方皱椒、花溪辣椒等区域品牌发布，"香辣协调、品味温醇"的品质优势被越来越多的人所熟知。"老干妈""辣三娘""乡下妹"等企业品牌在遵义国际辣椒博览会、贵阳国际特色农产品交易会、全国农产品交易会等省内外会展平台上展示，宣传贵州辣椒新产品、新技术、新业态，促进贸易交流与合作，为贵州省辣椒产业的对外交流合作、高质量发展增添了强劲动力，有效提升贵州省辣椒品牌知名度和市场竞争力，增强了贵州辣椒在全国乃至全球市场的影响力。

6. 优良品种丰富多样。贵州种植的辣椒品种丰富多样、种类繁多，有线椒、指形朝天椒、灯笼椒、珠子椒、锥形椒等，其中自主选育的有遵椒、遵辣、黔椒、黔辣等 182 个系列品种，为保存贵州辣椒优质资源，全省正在建设辣椒种质资源中期库，保存年限 10～15 年，保存能力 1 万份，基本实现贵州辣椒种质资源大数据采集机智能化管理。通过发挥省、市、县三级示范点作用，持续推进辣椒"换种工程"和集中育苗，其中集中育苗率从 2019 年的 20% 提高到 2020 年的 60% 以上，良种覆盖率从 2019 年的 80% 提高到 2020 年的 90% 以上，全省主推品种占比在 80% 以上。根据全省辣椒产区特性，不同市（州）主推辣椒品种有所不同，遵义市、铜仁市以朝天椒为主，毕节地区以干制地方名椒为主，贵阳市、安顺市和黔西南州以鲜食线椒、角椒为主，黔东南州和黔南州以线椒、螺丝椒为主。

表 1-1 辣椒种植主要品种类型统计表

市（州）	优势品种类型	辅助品种类型	主要用途	来源	品种名
贵阳市	线椒、指形朝天椒	珠子椒、灯笼椒	油辣椒、糟辣椒、泡椒、辣椒面、风味汤料、固态调味料	种业公司、科研单位	百宜辣椒、花溪辣椒、贵农香辣 4 号、联绿 3 号

续表

市（州）	优势品种类型	辅助品种类型	主要用途	来源	品种名
遵义市	朝天椒	线椒	泡椒、辣椒粉、糟辣椒、油辣椒、剁椒、辣椒面、盐渍椒	种业公司、科研单位	遵义朝天椒1号、2号、3号，遵辣9号、黔辣10号、卓椒18号、艳椒、绥阳子弹头、黄杨小米辣、二荆条
安顺市	线椒	朝天椒、珠子椒	干辣椒、糟辣椒、辣椒油树脂、辣椒红色素	种业公司、科研单位	秀辣52、香辣17、美人椒、红曼巴、新52、湘辣54、湘辣17、子弹头
毕节市	线椒、朝天椒	角椒、灯笼椒	辣椒面、素辣椒、油辣椒、糟辣椒、干辣椒、辣椒粉	种业公司、科研单位	大方皱椒、卓椒8号、红帅308、艳椒908、长辣7号、二荆条、辣椒王子、美人椒、红曼巴、子弹头
铜仁市	指形朝天椒	线椒、珠子椒	鲜椒、干椒、泡椒、酸椒	种业公司、科研单位	湘辣17号、湘辣8号、川椒1号、艳红椒1号、艳椒425、老52、二荆条
黔南州	线椒、螺丝椒、角椒	朝天椒	油辣椒、剁椒、糟辣椒、干椒、泡椒、酸辣椒、辣椒面	种业公司、科研单位	长辣7号、8号，川椒长线、单身理想52、红帅107、辣丰3号、艳椒408、苏螺1号
六盘水市	线椒、角椒	朝天椒、甜椒	火腿油辣椒	种业公司、科研单位	皇冠牛角椒、二荆条、美人椒、朝天椒、工业辣椒

续表

市（州）	优势品种类型	辅助品种类型	主要用途	来源	品种名
黔东南州	角椒、线椒	指形朝天椒	糊辣椒、辣椒酱、糟辣椒、油辣椒、泡椒、酸汤系列、剁椒	种业公司、科研单位	石辣6号、艳椒1号、长辣17号、长辣8号、川椒1号、卓椒7号、辣丰13号、辣丰53号、辛香8号
黔西南州	线椒、角椒	指形朝天椒	干辣椒、金州六味油辣椒、油炸香酥辣椒、辣椒酱、糟辣椒	种业公司、科研单位	石辣6号、辛香2号、韩玉3号、遵辣52号、椒中玉

7.助力脱贫攻坚成效显著。大力推广"龙头企业＋合作社＋农户"组织方式，椒农通过土地流转、基地务工、入股分红等多种形式增加收入，辣椒已成为农民增收的重要产业之一。"十三五"期间，据行业数据统计，贵州辣椒产业年均种植面积519.40万亩，年均种植产量606.20万吨，年均种植产值196.40亿元，年均带动就业人口420余万人，对促进经济高质量发展、有效解决农村劳动力就业务工发挥了重要支撑作用，为按时高质量打赢脱贫攻坚战作出了贡献。

（二）发展优势

1.政策保障有力。近年来，国家出台了系列扶持"三农"的重要文件和政策，党的十九届五中全会把解决好"三农"问题作为全党工作重中之重，为农业产业可持续发展提供了十分有利的宏观政策环境。省委、省政府结合贵州特色优势产业实际，把辣椒作为

12个农业特色优势产业之一重点发展，采取超常规举措，创新实施省领导领衔推进制度，印发了《贵州省农村产业革命辣椒产业发展推进方案(2019—2021年)》等配套支持政策。省委十二届八次全会提出要把握脱贫攻坚成果巩固拓展期发展机遇，大力推进农业现代化，深入推进农村产业革命，着力发展现代山地特色高效农业，做大做强12个农业特色优势产业，为辣椒产业提供了前所未有的政策保障和发展机遇。

2. 资源禀赋优越。贵州是生产绿色优质农产品的理想之地，生态环境良好、立体气候明显、生物资源多样，山地、丘陵、盆地、峡谷交错分布，河网密集，高山峡谷纵横，形成天然隔离条件，辣椒病虫害不易传播，工业污染被有效隔断，全年空气质量优良率超过95%，化肥农药施用量只有全国平均水平的三分之一，农业面源污染少，为生产优质辣椒提供了地理条件。贵州辣椒种质资源丰富，在历经了400多年种植历史的基础上，长期的"优胜劣汰"以及遗传变异，使贵州储藏了大量辣椒种质资源，具有遗传多样性，保有辣椒种质资源3500余份，其中绥阳小米辣、大方线椒、遵义朝天椒、花溪牛角椒、独山皱椒等地方特色名优辣椒品种在国内外市场上享有较高的声誉。贵州具有发展辣椒产业交通区位优势，本省及周边省份均为主要食辣区，辣椒消费集中度高、市场广阔、动力强劲。随着贵州交通日益便捷、县县通高速、高铁时代到来、航空客运崛起、水路航运兴起，贵州成为西南交通中心和出海大通道，为贵州辣椒活跃交易、流通全国、走向世界奠定了坚实基础。

3. 产业链条完整。借助农村产业革命东风，全省推进辣椒产业裂变发展，种植规模迅速扩大，产业链不断完善，基地区域化、规模化、标准化水平显著提升，呈现出产业要素集聚、企业集群、加工配套、流通集散协调发展的良好态势。贵州辣椒生产规模稳居全国第一，全省种植面积常年保持在 500 万亩以上，占全国的六分之一、世界的十分之一，已成为全国辣椒种植中心。辣椒加工业发展迅猛，加工企业集群式发展，加工企业加快技术改造、装备升级和模式创新，向产业链中高端延伸，向研发设计和品牌营销两端延伸，不断提升企业加工转化增值能力，促进加工企业由小到大、加工层次由粗到精、产业链条由短到长、区域布局由散到聚，油辣椒加工领跑全国，加工转化率达 77%。从提篮小卖、马路市场转变为以中国辣椒城为核心的现代商贸物流，二产稳定一产发展，三产促进二产提升，一二三产深度融合发展，贵州省实现了产业链、供应链、价值链一体化发展。

（三）发展劣势

1.市场竞争加剧。从国际看，全球辣椒市场竞争十分激烈，鲜辣椒方面，虽然我国是世界上鲜辣椒产量最大的国家，但出口量小，全球份额占比不高；干辣椒方面，据 FAO 数据，2010 年我国干辣椒总产量居全球第 2 位，2019 年降至第 3 位，干辣椒贸易竞争力指数从 2016 年的 0.98，下降到 2017 年的 0.72。此外，随着越南、缅甸、印度尼西亚等东南亚国家蔬菜生产技术不断发展，其生产规模不断扩大，加上人工成本优势，在国际竞争中的价格优势逐渐凸显，给我国辣椒产业带来一定压力。从国内看，发展辣椒门槛低、生产周期短、收益见效快、需求层次多，较多省份都将辣椒产业作为脱贫攻坚"短平快"优势产业加以重点扶持。全国各省、自治区、直辖市均有种植，生产面积超过100万亩的有贵州、河南、云南、江苏、山东、湖南、广东、四川、辽宁、河北和广西等11个省（区），全国辣椒供应量总体呈现上升趋势，国内竞争激烈。

2. 基础设施薄弱。贵州省耕地破碎，集约化程度不高，机械化程度低，生产成本较高。辣椒生产配套设施不足，生产基地机耕道、生产便道、排灌系统、电力、物联网、植保设施等基础设施投入不够，建设滞后，标准化育苗设施不足，无法有效应对干旱、突发暴雨等恶劣天气，抵御自然灾害能力弱。冷链基础设施建设滞后，空间布局不平衡，总量不足，运营成本高，基层冷链物流人才缺乏，在"最先一公里"上损耗较高。辣椒产后处理加工设施分布不合理，部分规模化基地就近烘干设施不能满足实际需要，需远距离运输，进而增加成本，综合生产水平低。

3. 标准化水平不高。一是生产品种杂乱，良种占有率低。辣椒实行的是认定登记制，不需经过严格的品种审定程序，进入市场的辣椒品种较多，市场销售管理不够，同一品种多个名称、种业企业贴牌销售现象严重，市场品种混乱、假冒伪劣现象时有发生，本省自育杂交品种因体制、适应性等种种原因推广力度不够，市场占有率低。二是标准化基地占比低，种植成本逐年攀升。2020年50亩以上相对集中连片规模化基地共150万亩，仅占全省辣椒种植面积的27%，生产基地相对分散、规模小、集约化程度低、标准化种植技术水平不高、农田机械使用少，经济效益差距大，随着人工、土地流转成本上涨，辣椒种植成本逐年攀升。三是加工标准化生产程度低，产品质量不稳定。虽然贵州油辣椒生产已基本实现传统工艺的工业化，但辣椒干、糟辣椒、辣椒面等传统加工制品仍存在小作坊生产现象，工艺和配方因人而异，加工条件、原料成分、保鲜、包装、储藏方法等工艺参数模糊，标准化程度低，产品质量控制难度大。

4. 生态环保压力大。农药、化肥、农膜等是辣椒种植中不可或缺的生产资料，对提高辣椒产量发挥着巨大作用，全省辣椒种植面积广，农药、化肥等投入强度大，施用不尽科学合理，加之辣椒多种植在坡地上，极易引起土壤重金属污染、水环境恶化、大气污染、水土流失等一系列环境保护问题。同时，随着农村产业革命的持续推进，规模化、集约化种植正成为发展趋势，连作现象较为普遍，由于耕作、施肥、灌溉等方式固定不变，连作极易引起土壤理化性质恶化、肥力降低、有毒物质积累等诸多问题，重金属超标、病虫害多发等问题日益严峻，面临较大的环保压力和生态风险。

（四）发展经验

1. 强化顶层设计，促进产业高效发展。农村产业革命以来，建立了以省领导领衔、工作专班具体推进、省市县三级上下联动、财政专项资金保障的工作机制，资源高度整合，合力高度聚集，产能快速释放。省级层面先后制定了《贵州省蔬菜（辣椒）产业裂变发展实施方案》《贵州省发展蔬菜产业助推脱贫攻坚三年行动方案（2017—2019 年）》《贵州省农村产业革命辣椒产业发展推进方案（2019—2021 年）》等，细化了工作任务，明确了工作目标，为全省辣椒产业发展提供政策支撑，助推了辣椒产业高效发展。

2.强化科技支撑,突破产业关键环节。立足贵州辣椒产业发展实际需求,成立院士工作站、贵州省辣椒产业技术研究院、贵州省辣椒发酵制品工程技术研究中心、贵州省辣椒加工工程技术中心,抓好人才队伍建设。建成保存能力1万份的辣椒种质资源库。选育辣研、黔辣、黔椒、遵辣、遵椒、卓椒系列辣椒新品种183个,提纯复壮认定地方优良品种31个,引进筛选品种120余个。大力实施"良种工程",2019—2020年换种面积40余万亩。研发推广漂盘(穴盘)育苗、间套轮作、轻简化栽培、配方施肥、水肥一体化、病虫草鼠害绿色防控、机械化耕种等绿色高质高效生产技术和"菜—椒—菜""椒—稻—菜""菜—椒—菌"接茬模式,集中育苗率60%以上,良种覆盖率95%以上。开展"两品一标"认证,建立产地准出和市场准入制度,有效提升贵州辣椒产量与质量,确保贵州辣椒绿色、生态和优质。制定、修订辣椒系列标准149项,完善标准化生产体系,推动辣椒产业高质量发展。

3.强化要素保障,推动产业高质量发展。"十三五"期间,全省大力扶持和培育发展辣椒产业化经营龙头企业,带动农民专业合作社、家庭农场和种植大户共同发展,形成"顶天立地"与"铺天盖地"相互促进的发展格局。2020年,全省辣椒企业达302家,农民专业合作社1701家、种植大户2599个。创新资金模式,解决产业融资难题,通过财政资金投入,"贵椒贷"、农银企产业共同体(SPV)等金融创新产品撬动,社会资本、保险资金参与的筹措模式,有效缓解辣椒经营主体"融资难、融资贵、融资慢"问题。大力推广辣椒自然灾害险、目标价格险,探索气象指数险,实现了

"有灾保成本，无灾保收益"，为经营主体兜底保障。

（五）发展前景

1.市场需求持续扩大。食辣已经成为全球化的流行趋势。全球食辣人口众多，超过25亿人，长期以来形成的独特消费习惯，对辣椒的需求量巨大，全球年均食用消费辣椒达5500万吨。随着人员流动频率的加快，人们对食品品味的要求随之发生改变，加之对健康、味觉刺激的追求，已没有了明显的食辣与不食辣区域，食辣区域和群体不断增加。

2.规模化效益日趋凸显。近年来，随着农村产业革命的深入推进，辣椒种植方式正发生着巨大变化，辣椒种植由分散种植型向家庭农场、合作社、企业规模集约型经营形式转变，呈现智能化、信息化、良种化、规模化、省力化、机械化、设施化、肥水一体化生产格局，形成多个辣椒种植特色产业带和产业聚集区，辣椒种植分工和专业化水平进一步优化，辣椒生产效率逐步提高，发展方向由数量发展型向质量效益型转变。

3.加工链条充分拓展。贵州辣椒色泽鲜红光亮、辣味纯正、香辣味浓、营养丰富、品质优良，已开发出特色油辣椒、辣椒酱、火锅底料等调味制品及辣椒面、辣椒干、辣椒脆等干辣椒制品，广受市场欢迎和好评，市场需求和出口量逐年增加。随着产业的快速发展，贵州辣椒产业将在现有基础上，进一步开发更多符合国内外市场需求导向的大宗产品、特色辣椒食品、辣椒风味食品、辣椒保健食品，拓展辣椒制品加工领域，丰富辣椒制品供给，填补国际和外地市场空白，延伸辣椒加工产业链。

二、贵州辣椒产业规划布局

（一）种植基地布局

北部加工辣椒产业带：主要布局在杭瑞高速沿线及辐射区，种植面积约 300 万亩，主要种植、加工朝天椒及线椒品种。

1. 黔北—黔东北加工朝天椒产区（250 万亩）：重点布局在播州、绥阳、汇川、（红花岗）新蒲、湄潭、凤冈、余庆、正安、道真、务川、习水、桐梓、沿河、石阡、松桃、思南、德江、印江等地。主要推广黔辣、辣研、遵辣、遵椒、艳椒等系列朝天椒品种。

2. 黔西北加工线椒产区（50 万亩）：重点布局在大方、金沙、黔西、七星关、纳雍等地，主要推广大方皱椒、毕节线椒等系列线（条）椒品种。

南部鲜食辣椒产业带：主要布局在沪昆—兰海高速沿线及辐射区，种植面积约 200 万亩，主要种植特色线（条）椒品种。

3. 黔南—黔东南干鲜两用辣椒产区（80 万亩）：主要布局在瓮安、福泉、平塘、都匀、独山、长顺、贵定、麻江、黄平、镇远、锦屏等地。主要推广黄平、独山等本地线椒，长辣、湘研等系列线（条）椒品种。

4. 黔中鲜红椒产区（70 万亩）：主要布局在开阳、修文、清镇、花溪、西秀、平坝、紫云等地。主要推广花溪、平坝等本地小辣椒和川椒、黔椒系列线（条）椒品种。

5. 南部低海拔富热河谷青椒产区（50 万亩）：重点布局在罗甸、三都、荔波、榕江、望谟、关岭、镇宁、从江等地，主要推广辣丰、长辣、湘研、苏润等青椒品种。

（二）加工集群布局

建成黔北—黔西北干制与发酵辣椒加工中心、黔中辣椒调味品加工中心和黔南—黔东南发酵辣椒加工中心，打造全国辣椒优势产业集群。

1. 黔北—黔西北干制与发酵辣椒加工中心：红花岗（新蒲）、湄潭、播州、凤冈、大方、黔西、金沙、石阡等地，重点加工泡椒、糟辣椒、辣椒干、辣椒面等干制辣椒制品及衍生产品。

2. 黔中辣椒调味品加工中心：贵定、西秀、花溪、清镇等地，重点加工油辣椒、辣椒酱、火锅底料等调味制品。

3. 黔南—黔东南发酵辣椒加工中心：凯里、麻江、黄平、瓮安、福泉等地，重点加工酸汤、泡椒等发酵辣椒制品。

三、贵州辣椒发展思路

（一）发展目标

"十四五"期间，围绕"一群、两带、三中心"建设目标（一群：全国辣椒优势特色产业集群；两带：北部加工辣椒产业带、南部鲜食辣椒产业带；三中心：黔北—黔西北干制与发酵辣椒加工中心、黔中辣椒调味品加工中心和黔南—黔东南发酵辣椒加工中心），稳规模、提质量、强龙头、创品牌、带农户、促增收，全省辣椒种植规模稳定在每年500万亩以上，年产量700万吨以上，实现一产产值300亿元以上，二产产值200亿元以上，三产产值500亿元以上。建设规模化、标准化基地250万亩，巩固优化"两带五区"产业布局，培育达到国家级龙头企业标准5家，建成3个辣椒加工中心，打造全国辣椒优势产业集群。

（二）重点任务

以辣椒产品市场需求为导向，以贵州辣椒特色资源为基点，以龙头企业为依托，以优势产品为纽带，通过加工企业建基地、加工品种区域化、加工产品品牌化、企业发展集群化，借助资金、技术及相关政策的大力支持，以点连线、以线成网，构建标准化、规模化、集群化、品牌化的辣椒生产、加工与综合开发利用产业体系。

1. 推进标准化基地建设。围绕100亩以上坝区建设标准化规模基地，完善机耕道、生产便道、水利灌溉、电网等基础设施，配套集约化育苗、山地农机、预冷、烘干等设施设备，"十四五"期间建成能排能灌、通行便利、抗灾能力较强的标准化生产基地250万亩，提升抵御自然灾害的能力，提高综合生产能力。大力推广"稻—椒—菜""菜—椒—菜"等高效接茬模式，大力推广集约化育苗、水肥一体化、增施有机肥、绿色防控等绿色生态生产技术，环境友好型生产投入品，在规模化、标准化基地实现绿色生产技术覆盖率达100%。

2. 推进育繁体系建设。重点选育具有地方香辣特色、抗逆抗病性强、优质丰产辣椒新品种，引进鉴选一批适宜贵州生态气候条件，适于加工、鲜食的特色辣椒品种。开展辣椒"良种工程"，"十四五"期间，重点县自育自选品种覆盖率达80%以上。建设集中育苗基地，配备设施设备，10000亩生产基地建设100亩集中育苗基地，大力推广穴盘育苗与漂浮育苗，保障种苗质量。

3. 推进标准化体系建设。制定产地环境、种子种苗、农资机械、田间生产管理、采收包装运输、采后处理与加工等产品质量标准，构建辣椒生产全产业链技术规程或标准体系，制定生产投入品及产品质量标准体系。强化环境与耕地保护，推广应用"两减一增"技术措施及绿色高效接茬模式，从源头上保障"生态贵椒"产品质量安全。

4. 推进加工集群建设。支持加工企业扩能转型升级，大力延伸精深加工产业链，丰富我省辣椒加工产品。支持企业与科研院所开展合作，研发辣椒制品新工艺，开发"辣椒+"产品，培育龙头企业，推动我省辣椒加工业发展。重点建设黔北—黔西北干制辣椒加工中心、黔中调味品辣椒加工中心和黔南—黔东南发酵辣椒加工中心，打造全国辣椒优势产业集群。

5. 推进优势品牌建设。独特的山地环境气候，孕育了贵州辣椒优良的品质，丰富的辣椒种质资源，奠定了贵州辣椒的市场优势，香辣贵椒美名远扬。打造贵州辣椒公共品牌，加快培育区域品牌，鼓励企业创建自主品牌，提高生态贵椒品牌知名度、美誉度、市场竞争力，实现贵州辣椒优质优价，促进贵州辣椒高质量发展。

6. 推进市场体系建设。在遵义中国辣椒城不断完善辣椒指数体系，运行好现有遵义朝天椒、新一代、三樱椒和印度椒4支辣椒价格指数，充分发挥指数对基地建设、加工销售、仓储物流、金融保险等方面的作用，建成全国辣椒定价中心和信息发布中心；积极配合大连商品交易所，建设辣椒期货交割库，建成辣椒期货交易市场，构建中国辣椒交易中心。

7. 推进科技支撑体系建设。设立辣椒科技研发、产业发展专项资金，稳定科技人才队伍，围绕产业重大关键技术环节，持续研发科研成果，组建产业技术支撑服务体系，培训提升从业人员科技素质，确保科技到位率。

四、贵州省辣椒产业相关政策

（一）产业发展类（详见附件）

附件 1：贵州省农村产业革命辣椒产业发展推进方案（2019—2021 年）

附件 2：2019 年贵州省辣椒产业发展实施方案

附件 3：2020 年贵州省辣椒产业发展实施方案

附件 4：2020 年贵州朝天椒优势特色产业集群实施方案

附件 5：2021 年度贵州省辣椒产业推进计划及责任分工方案

（二）金融类（详见附件）

附件 6：贵州省农村产业革命辣椒产业发展专项资金管理办法（试行）

附件 7：贵州省辣椒产业"贵椒贷"金融支农合作方案

第二章

贵州辣椒标准化生产技术

第一节 品种和种子生产标准化

一、品种标准化

（一）品种类型

我国辣椒的栽培历史悠久，品种类型很多。每一个类型的品种在其生物学特性、产量和商品性等方面都各有特点。了解和掌握品种的特征特性，是合理选择和利用品种的关键。根据果实特征可分为灯笼椒、长辣椒、樱桃椒、圆锥椒和簇生椒5个变种。

1. 灯笼椒。植株粗壮高大，叶片肥厚，椭圆形或卵圆形，花大果大，果基部凹陷，果实呈扁圆形、圆形或圆筒形。成熟果实红色或黄色，味甜，稍辣或不辣，亦称甜椒，多为大果型栽培辣椒的主要类型。

2. 长辣椒。株型较大，分枝强，叶片较小或中等，果实多下垂，长角形，前端尖锐，常弯曲，辣味中等或强。多为中早熟品种，按果实的长度又可分为牛角椒、羊角椒或线椒3个品种群。牛角椒和羊角椒品种多数辣味强，也有微辣型品种。线椒果实细长，辣味更强。

3. 樱桃椒。植株较小，分枝性强，果实向上或斜生，果呈扁圆形或圆形。辣味浓，主要分布在云南、贵州等地。

4. 圆锥椒。植株较小，果实呈圆锥形或短圆柱形，向上直立或斜生。辣味中等。

5. 簇生椒。植株低矮丛生，茎叶细小开张，分枝性不强，果实簇生向上，几个一簇。辣味浓，多作干椒栽培。耐热，抗病毒能力强。

（二）优良品种选用的原则

辣椒的栽培品种是在一定自然条件和栽培条件下经过人工培育而成的，要求特定的环境条件与其相适应，具有较强的地域性。生产者必须根据当地的自然条件、栽培条件、消费习惯和市场需求选择优质、抗病、适应性强、适销对路的品种，选用栽培品种时要遵循以下原则：

1. 根据栽培条件和栽培方式选择品种。贵州辣椒有春、夏、秋、冬等不同季节茬口的露地和设施栽培方式，不同栽培方式要求的栽培条件存在着明显的差异，即使是同一地区的不同栽培方式间的品种选择也有不同。如低海拔地区的早春露地栽培，应该选择早熟、抗寒、抗病、耐热的品种；夏秋茬应该选择耐热、抗病、高产的中晚熟品种；设施栽培辣椒由于湿度大、光照弱、温度变化剧烈、病虫害严重，应该选择抗病虫能力强的品种。在气候条件适宜、土壤肥沃、水肥条件好时，应该选择耐低温弱光、抗病、结果期长、产量高的品种；相反，则选择耐瘠薄、耐旱、抗病的优质品种。

2. 根据当地自然条件选择品种。辣椒在原产地起源后，经过人们的驯化、选择和培育，现已经遍布世界各地，世界不同地区的品种由于在特定的地理和气候条件下长期栽培，形成了具有不同生态习性的品种群，因而对环境条件的要求存在明显差异，在地理和气候条件差异较大的地区间相互引种，往往难以获得较好的栽培效果。我国地域辽阔，从南到北跨越多个不同的气候带，所以在品种选择时应该根据当地的自然条件和品种的生活习性选择适宜的品种。

3. 根据销售方式选择品种。随着国内外市场经济的不断完善，以及农业生产的专业化、产业化和集约化的发展，以红椒为主的蔬菜产品出口和国内远距离运输销售的比例越来越大。当产品以远销为主时，应选择果皮较厚、辣椒红素含量高、抗病、耐贮运的品种，以减少在贮运过程中的损失。

4. 根据目标市场需求选择品种。规模化种植辣椒的主要目的是销售，追求最大利润，选择品种时则必须考虑目标市场的需求。由于不同地区、不同市场的消费习惯不同，对辣椒品种（种类）的需求也不同，生产者不能单凭自己的喜好或当地的喜好来选择品种，而应根据产品消费群体的消费习惯来选择品种。种植面积一定要根据市场要求，不要盲目扩大。

5. 选择适应性强、抗性好的品种。环境条件对辣椒的生长发育，特别是病虫害的发生和流行影响很大，选择适应性强、抗性好的品种是保证栽培成功的关键。在选择栽培品种时应该选用能够适应当地不良环境条件，对当地主要病虫害具有较强抗性的品种，以适应优质辣椒生产的需要。

6. 选择生育期适宜的品种。辣椒品种间的生育期明显不同，地区间适应辣椒生长的时间长短也存在较大差异，选择品种时需根据当地适宜辣椒生长的天数，对照品种的生育期确定适宜的早、中或晚熟品种。如在生长期较短的高海拔地区，应选择生育期较短的早熟品种；低海拔地区露地冬春栽培，应选择生育期较短的早熟品种。

（三）贵州种植的主要辣椒品种

贵州辣椒种植的品种较多，品种较为混杂，有贵州省自育的辣研、黔辣、黔椒、遵辣、遵椒、卓椒等系列品种 180 余个，认定地方优良品种 31 个，引进的优良品种 120 余个，这里主要按红椒和青椒 2 类列数贵州种植的主要代表品种：

1. 红椒。当地特色辣椒品种有黔北地区的遵椒系列、黔西北地区的大方皱椒、黔南地区的独山线椒、黔东南地区的黄平线椒、镇远长线椒等。

品质优良的杂交品种有省内自育的线椒品种黔椒 4、6、7、8 号和朝天椒品种骄阳 6 号、遵辣 9 号、卓椒 8 号等。省外引进的线椒品种辛辣 8 号、湘冠 8 号、辣丰 3 号、长辣 7 号、长辣 8 号、佳红 3 号、绿箭、长辣香妃以及朝天椒品种单身理想、满天星、酱椒 28、靓艳 429、石辣 6 号、满分 215、艳椒 425、艳椒 429 等。

2. 青椒。栽培青椒主要目的是采收鲜食，包括辣椒和甜椒。根据贵州的气候特点，规模化生产主要包括低海拔河谷区春提早、秋延晚栽培和中高海拔区的春夏茬和夏秋茬栽培。

一般春提早栽培主要选择早熟、耐低温、弱光，较耐旱的品种，如长辣 7 号、辣丰 3 号、长辣香妃等。秋延晚栽培主要选择早熟、适应前期高温，中后期低温的品种，如新冠军 2 号、新湘 801 等。夏秋茬品种主要选择中晚熟、耐高温、高湿、耐旱、抗病性强的品种，如佳红 3 号、卓椒 8 号、绿箭等。

二、辣椒种子标准化生产

（一）原种生产技术

辣椒原种标准化生产主要包括繁育常规品种的原种和杂交种的亲本材料两部分。原种是良种繁育的基础，生产用种的质量主要取决于原种的质量及其生产技术。

原种应具有该品种的典型性，株间整齐度高，一致性强，纯度达 99.9% 以上；在长势、抗逆性、熟性等方面的表现必须具有原品种的典型性状；种子在成熟度、饱满度、千粒重、发芽率、净度、含水量等播种质量方面必须符合对原种的要求；种子不允许带病原物，特别是检疫对象的病虫害。为了达到上述要求，繁育出优质的原种，必须具备以下条件：一是具有鉴定品种能力的专业技术人员；二是具备良好的原种繁育和隔离条件；三是要严格按照辣椒原种生产技术操作规程生产；四是要掌握辣椒原种生产的栽培技术；五是必须掌握辣椒的采种和种子质量检测技术。

辣椒是属于常异交授粉作物，通常自然杂交率为 5% ～ 10%。为了防止天然杂交引起品种的退化，原种生产必须采取严格的隔离措施。空间隔离必须在 500～1000 米以上；采用纱网和套袋等机械方法隔离时，套袋隔离应及时去袋以防果实发育不良，纱网隔离要用 25～60 目的纱网以有效地隔离各类昆虫，防止昆虫授粉引起的混杂。

在原种的繁殖过程中，原种的选择鉴定和去杂去劣是繁种的关键，直接影响原种和生产用种的质量。原种选择包括从生产田、种子田、引种试验田等存在株间差异的供选群体中，通过多代选择获得原种的过程。在原种选择过程中，第一年在供选群体中，选择优良的具有该品种典型性状单株人工自交，按株分别采种；第二年按株系播种或定植在株系圃内，从中选择整齐度高、性状表现良好的株系，再从入选的株系中选择优良单株混合采种；第三年按株系播种或定植在优系圃内，从中选择整齐度高、性状表现优良的株系，再从入选的株系中选择优良单株进行混合采种；第四年按优系播种或者定植在优系比较圃内，从中选择整齐度高、性状表现优良的优系，再从入选的优系中选择优良单株混合采种，将其中性状优良、整齐度高的优系作为原种用于繁殖。在原种的繁育过程中，每代选择优株混合采种用于下一代原种繁殖，剩余群体去杂去劣后混合采种用于良种生产。

（二）生产用种的生产技术

生产用种的种子有常规品种、杂交种品种。常规品种的种子生产是采用原种或者良种田生产的纯度高、性状表现优良的种子繁殖，生产的种子直接用于商品生产，技术要求比原种生产低。通常常规品种种子生产田的隔离距离只需要 30～50 米，繁种时选用的原种纯度要高，田间只要在开花期和坐果期淘汰不符合本品种特征特性的杂株、劣株和被病虫危害的植株，其余的植株混合采种用于生产，不能用于繁种。

辣椒杂交种生产采用原种田繁殖高纯度亲本杂交繁殖。目前，辣椒杂交种的制种途径主要靠人工杂交制种。辣椒杂种生产的技术要求十分严格，除需要掌握常规品种的种子繁育技术外，还必须掌握花粉采集和杂交授粉技术。在制种时，为使采种株在短期内多结果、快成熟，尽快结束制种过程，一般要摘掉母本植株的门椒及其以下的所有侧枝，使对椒、四门斗椒的花早开。在门椒开花前要严格检查父母本的纯度，拔除不符合亲本特征的杂株和变异株。

辣椒的人工杂交技术主要包括花粉的采集、杂交花朵的选择、去雄、杂交授粉以及杂交果实管理和采种等内容。花粉采集前要认真彻底检查父本群体，拔除杂株、劣株、生长发育不良株、有病虫危害甚至有疑问的植株，确保采粉植株的质量。采粉在杂交前一天进行，可在上午 8～10 时花刚刚开放时用电动采粉器收集花粉，也可采集花朵后人工取出花药散铺在衬有厚光面纸的筛子上，放在背阴处晾干，充分散粉后用 320 目花粉筛筛取花粉。花粉充分干燥后装入小瓶内保存备用。一般常温干燥条件下辣椒花粉可保持活力 3 天左右，在 3～5℃ 低温、干燥条件下辣椒花粉可以保持 1 个月的活力。杂交花应选择对椒、四门斗椒和八面风椒的小花，这些花营养条件好，坐果率高，种子饱满，产量高。去雄是在杂交花朵开放散粉前摘除雄蕊，防止自交结实。杂交花朵开放前一天的大花蕾最适合去雄处理，选择标准为花蕾的萼片已经开裂，花瓣露出，花瓣尖端即将分离或者稍有分离；花瓣尖端分离较大的大花蕾有自花授粉的可能，应该去掉。花蕾过小，雌蕊还未成熟，去雄后授粉坐果率低，单果种子数量少。去雄时，用镊子轻轻拨开花冠，将花药彻底摘除，注意不要弄破花药、碰伤柱头和子房；花柱较短的花蕾坐果率低，可以考虑去掉。应该选择每个花序中最强健的花蕾去雄，多余的摘除。去雄应该在上午 8 ~ 10 时进行，然后用授粉器蘸取花粉，轻而均匀地涂抹到柱头上。为了确保去雄花朵授粉和果实采收无差错，每个花朵授粉后随即做标记或者套袋隔离，确保杂交种的纯度。授粉结束后应加强肥水管理，植株调整，促进杂交果生长。

辣椒的种子发育较慢，在正常温度条件下，授粉后 35 ~ 40 天果实才成熟，方可采收。采收前应全面检查母本田，认真鉴定并清除杂株。采收时必须按照标记采果。有病斑或者腐烂的杂交果一般应该淘汰，也可分开采种、经消毒处理后方可使用。杂交果采收后将种子和胎座分离后，将种子放在纱窗或者凉席上晾干。晾晒干燥的种子，其安全包装、贮藏时的含水量应该降低至 8% 以下。

（三）辣椒种子的分级标准

辣椒种子检验依据《茄果类作物种子国家标准》（GB 16715.3）执行。辣椒种子经过检验鉴定，达到国家规定的种子质量标准后，方可分级包装，进入市场销售。

各级辣椒种子的净度、纯度、发芽力、含水量如表 2-1 所示。

表 2-1　辣椒种子的分级标准

级别	纯度（%）	净度（%）	发芽率（%）	含水量（%）
原种	99.0	99.0	99.0	8
一级种	96.0	98.0	85.0	9
二级种	93.0	97.0	80.0	9

第二节　标准化生产的环境条件和茬口安排

一、基地的选择与建设

（一）土壤环境质量标准

辣椒生产基地应该选择生态环境好，周边地区无污染，交通便利的区域，并以地下水位低，排灌方便；土层深厚、肥沃的壤土或沙壤土为宜。对于新建的生产基地除了上述的产地空气、灌溉水、土壤质量标准合格外，还应考虑基地土壤肥力状况。土壤肥力应该在中等以上。为实施科学配方施肥，应对基地土壤肥力状况进行分析，进而进行评估和分级，以科学指导用肥。露地和设施土壤肥力分级标准见表 2-3、表 2-3。

表2-2 椒田露地土壤肥料分级标准

肥力等级	菜田土壤养分测试值				
	全氮（%）	碱解氮（mg/kg）	磷（P₂O₅）（mg/kg）	钾（KO₂）（mg/kg）	有机质（%）
低肥力	0.07 ~ 0.10	60 ~ 80	40 ~ 70	70 ~ 100	1.0 ~ 2.0
中肥力	0.10 ~ 0.13	80 ~ 100	70 ~ 100	100 ~ 130	2.0 ~ 3.0
高肥力	0.13 ~ 0.16	100 ~ 200	130 ~ 160	130 ~ 160	3.0 ~ 4.0

表2-3 椒田设施土壤肥料分级标准

肥力等级	菜田土壤养分测试值				
	全氮（%）	碱解氮（mg/kg）	磷（P₂O₅）（mg/kg）	钾（KO₂）（mg/kg）	有机质（%）
低肥力	0.10 ~ 0.13	60 ~ 80	100 ~ 200	80 ~ 150	1.0 ~ 2.0
中肥力	0.13 ~ 0.16	80 ~ 100	200 ~ 300	150 ~ 220	2.0 ~ 3.0
高肥力	0.16 ~ 0.20	100 ~ 200	300 ~ 400	220 ~ 300	3.0 ~ 4.0

辣椒产地质量须符合国家 NY/T 391 标准，各项污染物含量不应超过表2-4的指标要求。

表2-4 辣椒产地土壤各项污染物的指标要求

项目	含量限值		
	pH 值 < 6.5	pH 值 6.5 ~ 7.5	pH 值 > 7.5
镉（mg/kg）	0.30	0.30	0.40
汞（mg/kg）	0.25	0.30	0.35
砷（mg/kg）	25	20	20

续表

项目	含量限值		
	pH 值 < 6.5	pH 值 6.5 ~ 7.5	pH 值 > 7.5
铅（mg/kg）	50	50	50
铬（mg/kg）	120	120	120
铜（mg/kg）	50	60	60

（二）灌溉水质量标准

辣椒产地灌溉水质量须符合国家 NY/T 391 标准，各项污染物含量不应超过表 2-5 的指标要求。

表 2-5 辣椒产地灌溉水各项污染物的指标要求

项目	指标
pH 值	5.5 ~ 8.5
总汞（mg/L） ≤	0.001
总镉（mg/L） ≤	0.005
总砷（mg/L） ≤	0.05
总铅（mg/L） ≤	0.1
六价铬（mg/L） ≤	0.1
氟化物（mg/L） ≤	2.0
粪大肠菌群（个 /L） ≤	10000

（三）产地环境空气质量标准

辣椒产地环境空气质量须符合国家 NY/T 391 标准，各项污染物含量不应超过表 2-6 的指标要求。

表 2-6　辣椒产地空气各项污染物的指标要求

项目	指标	
	日平均	1 小时平均
总悬浮颗粒物（TSP），mg/m³	0.30	——
二氧化硫（SO₂），mg/m³	0.15	0.50
氮氧化物（NOx），mg/m³	0.10	0.15
氟化物（F），mg/m³	7 μg/m³	20 μg/m³
	1.8 μg/（dm³·d）（挂片法）	

注：1. 日平均指任何 1 日的平均指标。

　　2. 1 小时平均指任何 1 小时的平均指标。

　　3. 连续采样 3 天，1 日 3 次，春晨、午和夕各 1 次。

　　4. 氟化物采样可用动力采样滤膜法或用石灰滤纸挂片法，分别按各自规定的指标执行，石灰滤纸挂片法挂置 7 天。

二、育苗条件的标准化

辣椒生产需要设施育苗，育苗需要钢架大棚，现将钢架大棚的结构参数以及覆盖塑料薄膜的种类介绍如下：

（一）钢架大棚的结构参数。贵州钢架大棚跨度以 6 米和 8 米两种类型为主，脊高 2.5～3.0 米，长 30～50 米。用 Φ25 毫米 ×（1.2～1.5）毫米薄壁钢管制作成拱杆、拉杆、立杆（两端棚头用），钢管内外热浸镀锌以延长使用寿命。用卡具、套管连接棚杆组装成棚体，覆盖薄膜在卡槽内用弹性钢丝（卡簧）固定。此种棚架规范标准、易于安装拆卸。具有重量轻、强度好、耐锈蚀、中间无柱、采光好、作业方便等特点，尽管造价相对较高，但由于它结构规范标准，可大批量工厂化生产，所以在经济条件允许的地区，可大面积推广应用。

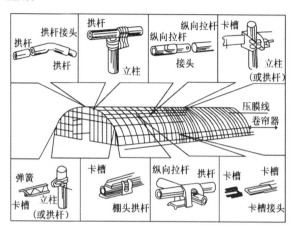

图 2-1 镀锌钢管装配式大棚（辣椒产业技术研究院小组 供图）

（二）塑料薄膜的种类。塑料拱棚的温、光、湿条件与覆盖薄膜的种类和性能密切相关。我国目前使用的塑料薄膜主要有以下几种类型。

1.聚氯乙烯有滴透明薄膜。这种薄膜比重大，放在水中能沉下，燃烧时放出氯化氢刺鼻的气味，一般对光线的透过率为85%～88%，保温性比聚乙烯薄膜好，同时弹性好，拉力强，有较好的抗风能力，适用于覆盖塑料大棚。缺点是聚氯乙烯易吸尘而污染，且不易清洗，使用一段时间后透光率下降。

2.聚乙烯有滴透明薄膜。聚乙烯薄膜比重较小，放在水里呈漂浮状态，燃烧后呈熔蜡状物，无臭味，透光率与聚氯乙烯相近，吸尘后污染程度较轻，且易于清洗，故透光性较好。其缺点是保温性较差，弹性和拉力较差，适于覆盖中、小拱棚。大棚覆盖时一般不用。

3. 无滴膜。聚氯乙烯薄膜覆盖后，由于附着水滴和灰尘，可使透光率下降 20% ~ 30%，同时水滴还能吸收热辐射，使棚内增温效果下降。无滴膜是在聚氯乙烯原料中加入去雾剂，使膜下水珠很快聚合成大水滴流入棚边，用无滴膜覆盖可提高地面和 5 厘米地温，但高温期应该调节空气湿度，以防止因湿度过低而烤苗。

4. 耐低温防老化膜，也称长寿膜。普通聚氯乙烯膜在长期使用中，由于增塑剂的挥发和移动，使薄膜变硬变脆，长寿膜是在原料中加入一些耐寒增塑剂，使薄膜对冷冻的稳定性提高，能耐 -50℃低温，使用期由原来的 6 个月延长至 1 年。

三、茬口安排

辣椒属于喜温的茄果类蔬菜，露地栽培只能在无霜期内进行。贵州属于立体气候，海拔从东到西逐渐升高，最低海拔 147.8 米，最高海拔 2900.6 米，因此，各个地方种植的时间和茬口安排均不一致。但总体来说，应根据当地环境条件，结合栽培季节、气候条件进行合理安排，春季种植一般应在气温稳定在 10℃以上时播种，终霜日为定植适期。低海拔地区（罗甸、册亨、望谟等）春季栽培时，于上年 10 ~ 12 月播种育苗，次年 1 ~ 2 月定植，4 ~ 6 月采收；中海拔地区（贵阳、安顺、遵义等）夏季栽培时，于 2 ~ 3 月播种育苗，4 ~ 5 月定植，5 ~ 9 月采收。

辣椒是忌连作的蔬菜，其病原菌在土壤中可存活 5 ~ 6 年，只有合理轮作才能有效地控制病虫害的发生，充分利用土壤肥力。辣椒不应与茄子、马铃薯等茄科蔬菜轮作，最好与葱蒜类、豆类、叶菜类等蔬菜轮作。

一、辣椒的生物学特性

（一）形态特征

1. 根。辣椒主根不是很发达，根量少，入土浅，根群一般分布在 25 ～ 30 厘米深的表土层中，在育苗移栽条件下，由于主根被切断，主要根群仅分布在 10 ～ 15 厘米厚的土层内。根系的再生能力弱，茎基部不易发生不定根。为此，在育苗移栽时应尽量采取护根育苗。

2. 茎。辣椒的茎木质化，较坚韧，可直立生长，在栽培中不需支架。根据辣椒的分枝结果习性可分为无限分枝与有限分枝两种类型。无限分枝类辣椒生长规律：当主茎长到 7 ～ 15 片真叶时，茎端开始形成花蕾，以后逐渐长出侧枝和二杈分枝。习惯上把主茎上结的第一个果称为"门椒"；一级分枝上结的 2 个果称为"对椒"；二级分枝上结的 4 个果称为"四门斗"；三级分枝上结的 8 个果称为"八面风"；再往上因结的果较多，称为"满天星"。这种类型的辣椒在第一花下面的主茎与叶腋间均可抽生侧枝，栽培中应将其及早摘除（俗称打杈），以减少养分消耗，有利于通风透光。有限分枝类型（簇生椒）分枝规律是：当主茎生长到10～18片真叶时，顶芽形成花芽，由花芽下面的腋芽抽生分枝，称为"侧枝"，当侧枝顶芽再形成花芽后，在花芽下面再抽生侧枝，称为"副侧枝"。当副侧枝顶芽再次形成花芽后，植株便停止生长，不再分枝，俗称"封顶"。

3. 叶。辣椒叶片为单叶，互生，卵圆形或长卵圆形，无缺刻，叶面光滑，微有光泽，氮素充足时叶片较长，钾肥充足时叶幅较宽；氮素过多，夜温过高时叶柄长，且先端嫩叶凹凸不平，夜温低时叶柄短；土壤干燥时，叶柄稍弯曲，叶身下垂；土壤含水量过高时，则会使整个叶片萎蔫下垂。

4. 花。辣椒花较小，花色为白色、浅绿色或者紫色，无限分枝型品种多为单生花，有限分枝型品种多为簇生花。辣椒第一朵花一般出现在主茎7～15节上，早熟品种出现节位低，晚熟品种出现节位高。辣椒花为雌雄同花的两性花，自花授粉，天然杂交率在10%左右，为常异交授粉作物。

5. 果实。辣椒的果为浆果，果实形状依品种不同有灯笼形、四方形、牛角形、羊角形、线形、圆锥形等。果实的着生状况，一般来说，无限分枝型的品种多为下垂生长，少数品种斜生，有限分枝类型的品种，果实多向上生长。

辣椒果实从开花授粉至商品成熟需25～30天，呈绿色，生物学成熟为50～60天，呈红色；一般品种果实成熟时，直接由绿转红，但也有少数品种先由绿转黄，再由黄变红。作为观赏栽培的"五彩椒"，是由于同株上的果实转色期不同，而形成几种不同的颜色，一般大果型牛角椒辣味较淡，中果型羊角椒辣味较浓，而小果型及线形辣椒辣味极浓。

6. 种子。成熟的辣椒种子呈扁圆形，淡黄色，有光泽，千粒重6～8克，发芽能力平均年限4年，使用年限一般为2～3年。辣椒新种子和陈旧种子有明显区别，用眼看：新种子为淡黄色，而且稍有光泽，陈旧种子为土黄色，且存放过久种皮发红；用鼻闻：新种子有强烈的刺鼻感，想打喷嚏，陈旧种子则刺激性小；用牙咬：新种子辣味浓，而陈旧种子则辣味淡。

（二）生长发育过程

辣椒的生长发育可分为三个时期，即发芽期、幼苗期和开花结果期。

1. 发芽期。从播种到第一片真叶出现。在20～30℃条件下需6～10天完成，此期要适时适量浇水。

2. 幼苗期。从第一片真叶出现到顶芽花蕾形成，需50～60天完成。此期植株生长缓慢，且对低温敏感。第一片真叶出现2～3天内，要控水控温，防止徒长，幼苗长至6～7片真叶时，可进行定植。如环境条件和管理合理，则能培育出根系发达、茎粗短、叶绿的壮苗，为辣椒开花结果和产量的形成打下良好基础。

3. 开花结果期。从花蕾形成至植株衰老，需70～80天完成。此期主要是生殖生长，要求较高的温度，以20～30℃为宜，而且需肥水多，需加重追肥，适时灌水，防止植株早衰，延长开花结果期，提高辣椒单位面积产量。

（三）对生长环境的要求

1. 温度。种子发芽最适宜温度是 25～30℃，最低温 15℃，10℃以下不能发芽。幼苗期需 30℃夜温，遇阴雨天，要注意保温防冻。初花期夜温 15～20℃即可，以后对温度要求不严，低至 8～9℃时，仍能正常开花结果。采收辣椒后期，维持 20～25℃温度，促进果实着色和种子的成熟。

2. 水分。辣椒根系较发达，耐旱性较强，在整个生育期中，要求空气湿度较小，苗期如水分过多，幼苗会徒长，形成高脚苗，容易发生猝倒病。开花结果期若水分过多，空气太湿，则授粉受精不良，果小，易发生病害。辣椒不宜淹水，宜采用深沟高畦栽培。若以采收鲜果为目的，则应供应充足的水分。

3. 光照。辣椒对日照时数的要求不严格，在长短日照下均能正常开花结果，最适日照时数 8～10 小时。育苗床中光照不足，易引起幼苗徒长，生长纤弱，抗逆性差。若定植后光照不足，植株不健壮，易感病，开花不良，影响结果和产量。辣椒要求中等强度光照，光照过强则不利于植株生长，易诱发病毒病和果实日灼病。

4. 土壤营养。辣椒对土壤的要求不严格，在沙壤土、黏壤土或壤土上种植均能生长，但以肥沃疏松，排水良好的沙壤土最好，最适 pH 值为 5.5～6.8。辣椒耐肥力较强，幼苗期需要充足的氮肥，开花结果期需较多的磷、钾肥，使根群发达，提高抗病力。

二、基地选择

选择地势高燥、排灌方便、地下水位低、土层深厚疏松肥沃的沙壤土和壤土地块，山地建基地，选择坡地 20° 以下为宜，坝区种植时必须做好排水渠道。生产基地环境条件应满足 NY 5010 要求，远离污染源，生态条件好。

三、辣椒标准化育苗技术

（一）育苗场所的选择

育苗环境条件应符合 NY 5010 的国家标准，选择背风向阳、四周开阔，地势平坦，水源方便、交通便利的地块，建设育苗大棚。

（二）营养池的建造

将大棚内的土壤整平，打碎，用空心砖（12 厘米 × 24 厘米 × 11 厘米）铺设池埂，一个 8 米宽的大棚内建设 2 个育苗池，长度与大棚相同，宽度平分，深度 12 厘米，底膜用 6 ～ 8 丝厚度的膜铺设。

（三）育苗设施和漂盘消毒

在育苗前 7 ～ 10 天，每立方米空间用硫磺 4 克、锯末 8 克混匀，放在容器内燃烧，一般在晚上进行，熏烟密闭 24 小时，通风。

选择 105、160 或 162 个孔的泡沫漂盘，新盘可不用消毒，用过的旧盘，洗净后用 0.1% 硫酸铜浸泡 10 分钟，再用 0.4% 漂白粉漂洗，或直接用 500 倍多菌灵浸泡 30 分钟。

（四）种子质量要求

种子质量符合 GB 16715.3 的要求。具体质量应符合表 2–7 的最低要求。

表 2-7 辣椒种子质量要求

作物种类	种子类别		品种纯度不低于（%）	净度不低于（%）	发芽率不低于(%)	水分（%）
辣椒	常规种	原种	99.0	98.0	80	7.0
		大田用种	95.0			
	亲本	原种	99.9	98.0	75	7.0
		大田用种	99.0			
	杂交种	大田用种	95.0	98.0	85	7.0

（五）装盘

将干基质用铁锹或其他工具直接装入漂盘中，要高出漂盘面，然后用木板刮平，注意不要压实。

（六）种子处理和播种

包衣种植不需要处理，可直接播于穴盘中。未包衣的种子可进行处理，将种子用 50 ～ 55℃的温水浸泡 10 ～ 15 分钟，并不停地搅拌，如水温下降至 50℃而要求的时间不足时，应再补充热水；然后用室内温水浸泡 8 ～ 10 小时，最后把浮在水面上的瘪籽去掉，浸泡期间用手搓洗种子，去掉沾在种子上的果肉、果皮和黏液等，然后捞出种子，再用 0.1% 的高锰酸钾溶液浸泡 15 ～ 20 分钟（除病毒病），并将种子用清水冲洗干净，播种。

播种期：根据当地环境条件，结合栽培季节、气候条件、育苗手段和壮苗指标选择播种期，一般气温稳定在 10℃以上即可播种。一般以终霜日为定植适期，低海拔地区春季栽培时，于上年 10 ～ 12 月播种育苗，次年 1 ～ 2 月定植，4 ～ 6 月采收；中海拔地区夏季栽培时，于 1～3 月播种育苗，3～5 月定植，5～8 月采收；低海拔地区秋季栽培时，于 3～6 月播种育苗，4～7 月定植，7～10 月采收。

播种量：根据定植密度，每亩栽培面积育苗用种量 30 克左右。

播种方法：先打穴，穴深 1～1.5 厘米，将种子播入，覆盖营养土。

（七）添加池水

苗池于播种前一天灌清洁、无污染的水，pH 值为 6～7，第一次加水 3～5 厘米深，当椒苗出现真叶后，将营养池内水加至 8～10 厘米深，如果出现漏水跑肥现象，则及时加水补肥，水面不能暴露在阳光下，以防藻类滋生。

（八）漂浮盘入池

将播好种子的漂盘平放入营养池中。入池 24 小时后有的不能吸水，要将种植孔用细铁丝钻通，使基质吸水确保种子吸水。

图 2-2　辣椒漂浮育苗（辣椒产业技术研究院小组　供图）

（九）苗期管理

1. 温湿度。苗期管理应根据外界环境条件的变化适时开关遮阳网和通风窗。出苗前须盖严棚膜，严格保温；幼苗出土后，当温度上升到 15℃以上时，每天应通风排湿 2～4 小时；温度上升到 20℃时，加大通风量和通风时间。出苗后阴雨天温度大于 25℃时，也要通风见光 3～4 小时，每隔 3 天在中午时揭开棚的两端进行通风排湿 2 小时。中后期，温度达到 25℃时，要揭开膜两头和两侧通风，防止高温烧苗和苗徒长。

2. 施肥。播种后，椒苗长到 2 片真叶时一次性施纯 N、P_2O_5、K_2O 的浓度各为 0.8%，再加 0.01% 的硫酸铜和 0.1% 的微量元素。施肥时将肥料先溶解于桶中，然后分几处倒入水池，最后搅拌均匀。

3. 病虫害防治。此时期主要是猝倒病、立枯病、灰霉病和蚜虫。猝倒病和立枯病用瑞苗清（30% 甲霜·恶霉灵水剂）1800 倍液或碧生（20% 噻唑锌悬浮剂）400 倍液喷雾防治；灰霉病用 50% 速克灵可湿性粉剂倍液喷雾防治；蚜虫用 25% 的吡虫啉可湿性粉剂倍液喷雾防治。

4. 炼苗。椒苗移栽前 7～10 天，断水、断肥炼苗 2～3 次，以椒苗中午萎蔫，早晚能恢复为宜，移栽前 1 天停止炼苗，把苗盘放入营养池内，让椒苗充分吸足水肥。

炼苗可使大棚内的环境尽量接近定植到大田中的环境。先将大棚两头打开 1～2 天，然后逐渐将两侧打开。定植前幼苗喷施 75% 百菌清或 58% 甲霜灵·锰锌。

（十）壮苗标准

幼苗整齐，植株挺拔健壮，苗高 15～20 厘米，5～6 片真叶，茎粗 0.3 厘米以上，叶色浓绿而有光泽，根系发达，白色须根多，无病虫危害。

四、辣椒标准化定植技术

（一）定植前的准备

1. 翻耕作畦。深翻土壤，起畦，一般畦宽 80～85 厘米，坡地畦高 5～10 厘米，平地畦高 15～20 厘米，洼地畦高 25 厘米，沟宽 40～45 厘米，每畦栽 2 行。基地要开边沟、中沟和十字沟，以利于排水。

2. 施基肥。起畦后在畦面中间沟施腐熟有机肥 1000 千克、复合肥 50 千克或过磷酸钙 40 千克，硫酸钾 30 千克，也可穴施。

3. 土壤消毒、盖地膜。起畦后喷施 50% 辛硫磷 800 倍液进行土壤消毒，然后盖地膜（一般下雨后覆盖），以黑膜为宜。

（二）定植

1. 定植时间。定植时期的幼苗以 6～7 片真叶为宜。春季栽培时，1～2 月定植，4～6 月采收；夏季栽培时，3～5 月定植，5～8 月采收；秋季栽培时，4～7 月定植，7～10 月采收。

2. 定植方法。每畦种植 2 行，株距以不同辣椒品种要求确定，一般株距 30～45 厘米，三角形种植，在畦面的地膜上直接开种植穴，将辣椒苗栽入穴内，并用土壤将穴边空隙封实，杂交品种每穴 1 株，常规品种每穴 2 株，栽培深度以不埋住第一片子叶为准，栽后随即浇定根水，采用喷雾器点罐，并结合施提苗肥和防治地老虎，即每桶水加尿素 80～100 克和杀害地老虎的农药进行点灌穴施，每亩需施尿素 1 千克～1.5 千克，既节约水和肥料，又减少了农药的使用量和用工。

五、辣椒标准化田间管理技术

（一）水分管理技术

1. 灌溉。根据土壤墒情及时灌溉，灌溉可结合追肥进行。可分为膜下滴灌和传统灌溉。

（1）膜下滴灌。采用滴灌设备，进行膜下铺设，根据土壤干湿程度进行合理灌溉，此灌溉方式一般都实施水肥一体化。

（2）传统灌溉

①坐水点穴。遇季节性干旱时，特别是坡耕地，春季耕层表土干燥缺墒，而低墒较好时，可采用探墒做穴。具体做法是将椒苗定植部位的表层干土去掉，向下探到合适的墒做穴，形成深 5～10 厘米的小坑，随后覆盖地膜，椒苗定植到小坑内，及时封口，封口处仍为小坑，可接纳更多雨水。

②点灌。辣椒苗移栽时进行点灌浇定根水，采用喷雾器点灌，并结合施提苗肥和防治地老虎。

浇灌时间取决于辣椒土壤干湿度。浇灌次数与雨水多少有关，雨水多，灌溉次数少，雨水少，灌溉次数多。一般辣椒生产期需灌水 2～4 次，灌水时间应在清晨和傍晚进行，特别是在预报高温天气时，必须在清晨气温升高之前完成。

2. 排水。当雨水过多时，要及时清理畦沟排水。

（二）施肥管理技术

按照重施底肥，合理追肥，有机肥与无机肥相结合，基肥与追肥相结合，大量元素为主，合理补充中微量元素的原则，实行平衡施肥。不得使用未获批准登记的肥料产品，不得使用工业废弃物、城市垃圾和污泥，不得使用未经发酵腐熟、未达到无害化指标和重金属超标的人畜粪肥等有机肥料。

1. 基肥。有机肥和磷肥全部作基肥使用，氮肥和钾肥的50%做基肥，结合耕翻整地，使肥料与耕层充分混匀。

起畦后在畦面中间沟施腐熟有机肥 1000 千克、复合肥 50 千克或过磷酸钙 40 千克，硫酸钾 30 千克，也可穴施。可根据土壤微量元素丰缺状况，酌情施硼肥 1 千克和硫酸锌 1 千克～2 千克。

2. 追肥。辣椒定植时，随定根水追施尿素 1 千克～1.5 千克。门椒（第一个椒）坐果后，追施一次复合肥 10 千克～15 千克/亩。此期可喷施硼肥，以促进授粉，提高产量。开花盛果期追施复合肥 15 千克～20 千克/亩。结果期用0.5%磷酸二氢钾叶面追肥 2～3 次。

（三）病虫害防控技术

病虫害防治要坚持"预防为主"的原则，优先用农业防治、物理防治和生物防治，配合使用化学防治。主要虫害有烟青虫、茶黄螨、蚜虫、小地老虎等，主要病害有枯萎病、炭疽病、疫病、病毒病、白粉病、青枯病等。

1. 农业防治。针对当地主要病虫控制对象，选用高抗品种；与非茄科作物实行 3 年以上轮作，有条件的地区实行水旱轮作；深沟高畦，覆盖地膜；培育适龄壮苗，提高抗逆性；测土配方施肥，增施腐熟的有机肥，少施化肥，防止土壤富营养化，清洁田园等。

2. 物理防治。覆盖银灰色地膜或挂银色塑料条驱避蚜虫；温室大棚的通风口覆盖防虫网，防止蚜虫、白粉虱等害虫；挂蓝黄板或性诱剂诱捕害虫。

3. 生物防治。积极保护和利用害虫天敌；采用昆虫的病原微生物等防治害虫及植物源农药如藜芦碱、苦参碱等和农用抗生素如新植霉素等生物农药防治病虫害。

4. 化学防治。使用药剂防治应符合 GB 4285 和 GB /T 78321 的要求，注意轮换用药，合理混用，采用药剂防治要严格控制农药安全间隔期。

（四）主要病虫害及防控

1. 主要虫害防治

（1）烟青虫

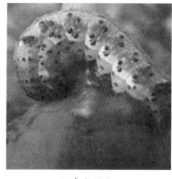

烟青虫幼虫　　　　　　　　　　烟青虫成虫

图 2-3　烟青虫（辣椒产业技术研究院小组　供图）

在幼虫未蛀入果实之前，选用 1.8% 阿维菌素乳油 4000 倍液，或 2.5% 绿色功夫乳油 2000 ～ 3000 倍液，或 5% 甲维盐 750 ～ 1000 倍液，或 5% 氟啶脲（抑太保）乳油 1500 倍液，或 4.5% 高效氯氰菊酯乳油 1000 倍液等喷雾防治。

（2）蚜虫

图 2-4　蚜虫（辣椒产业技术研究院小组　供图）

可选用 1.8% 虫螨克乳剂 2000 倍液，或 10% 的吡虫啉 3000 倍液，或 10% 的啶虫脒 1000 ～ 1200 倍液喷施。

（3）茶黄螨

图 2-5　茶黄螨危害症状（辣椒产业技术研究院小组　供图）

在发生初期，可用 15% 哒螨酮乳油 3000 倍液，或 5% 唑螨酯悬浮剂 3000 倍液，或 10% 除尽乳油 3000 倍液，或 1.8% 阿维菌素乳油 4000 倍液，或 20% 灭扫利乳油 1500 倍液，或 20% 三唑锡悬浮剂 2000 倍液等药剂喷雾，重点喷洒嫩叶背面、嫩茎、花器和幼果。

（4）小地老虎

小地老虎幼虫　　　　　　　　小地老虎成虫

图 2-6　小地老虎（辣椒产业技术研究院小组　供图）

①毒饵诱杀。按每亩用 2.5% 敌百虫粉 0.5 千克或 90% 敌百虫粉 50 克，拌 25 千克～40 千克、长约 3 厘米长的鲜草或鲜菜叶，每天傍晚撒于田间。

②诱杀成虫，减少虫源。可用红糖 3 份，醋 3 份，白酒 1 份，水 10 份混合后按总量 0.1% 的比例加 50% 敌敌畏或敌百虫。傍晚用钵搭架放入田间诱杀，推广地老虎性引诱剂诱杀成虫，效果很好，可大量采用。

苗期用辛硫磷等与炒香的油饼、麦麸等制成毒饵诱杀。在 3

龄幼虫前喷洒 2.5% 溴氰菊酯乳油 3000 倍液或 20% 氰戊菊酯乳油 3000 倍液或 20% 菊马乳油 2000 倍液防治。

③灌根。辣椒定植成活后，用 90% 敌百虫晶体 800 倍液或 50% 辛硫磷乳油 1 000 倍液灌根。

2. 主要病害防治

（1）枯萎病

症状：植株下部叶片大量脱落，茎基部与地面接触的皮层呈水浸状腐烂，地上部茎叶很快凋萎，后期全株枯死。病株根系也呈水浸状软腐，皮层极易剥落，木质部呈暗褐色至煤烟色。湿度大时，常产生白色或蓝绿色的霉状物。

图 2-7　辣椒枯萎病（辣椒产业技术研究院小组　供图）

防治方法：发病初期喷洒和浇灌农抗 120 水剂 100 倍液，或 70% 恶霉灵 1400 ～ 1800 倍液，或 6% 春雷霉素 200 ～ 300 倍液，或 3.2% 甲霜·恶霉灵（克枯星）600 倍液，每株可用兑好的药液 200 ～ 400 毫升。以上药剂交替使用，隔 7 ～ 10 天浇淋 1 次，连续 2 ～ 3 次。

（2）炭疽病

症状：主要危害果实和叶片。病果有黄褐色圆形或不规则形凹陷斑，斑面有稍隆起的灰褐色同心轮纹，其上轮生许多黑色或橙红色小点。湿度大时，病斑表面溢出红色黏稠物，干燥时，病斑常干缩呈羊皮纸状，易破裂。病叶有水浸状的近圆形褐色斑，其上轮生小黑点。

图 2-8　辣椒炭疽病（辣椒产业技术研究院小组　供图）

防治方法：

前期预防。当门椒采收后，及时喷施15%多抗霉素1200倍液，或枯草芽孢杆菌200～500倍液，或赤·吲乙·芸苔（碧护）5000～6000倍液，或2%氨基寡糖素（海岛素）100倍液，或104%芸苔素内酯4000倍液等，使辣椒产生抗性，对病菌繁殖起到控制作用。

中期预防。辣椒开始转色时，及时喷药进行预防，可喷75%百菌清可湿性粉剂600倍液，或70%甲基托布津可湿性粉剂800倍液，或 80% 炭疽福美 800 倍液，每隔 7 ～ 10 天喷 1 次，连喷 2 ～ 3 次。

后期防治。病害发生初期，选用 50% 咪鲜胺锰盐可湿性粉剂 1000 倍液，或 42.8% 氟菌·肟菌酯 1500 倍液，或 30% 苯醚甲环唑·嘧菌酯悬浮剂 32 毫升 / 亩，或 75% 肟菌·戊唑醇 10 ～ 15 克 / 亩喷雾防治，每隔 7 ～ 10 天喷 1 次，连续喷 3 次，可达到较好的防治效果。

（3）疫病

症状：该病危害茎、叶和果实。病叶为暗褐色的圆形或近圆形斑，边缘黄绿色。病果蒂部初为暗绿色水浸状斑，后变褐软腐，湿度大时长出白霉，干燥后形成暗褐色僵果。病茎由水浸状病斑绕茎表皮扩展，呈褐色或黑褐色条斑，病部以上枝叶很快枯萎。嫩茎病部明显缢缩，易折断。疫病是辣椒生产上毁灭性的病害。

图 2-9　辣椒疫病（辣椒产业技术研究院小组　供图）

防治方法：未发生病害时，用 72.2% 普立克水剂 800 倍液，或 58% 甲霜灵·锰锌可湿性粉剂 500 倍液喷施进行预防，发生病害时，用 68.75% 银法利 1000 倍液，或 25% 吡唑醚菌酯 2000 倍液，或异菌脲（朴海因）800 ～ 1000 倍液，或 50% 烯酰吗啉·氰霜唑 1600 ～ 2400 倍液进行叶面喷施，重点喷施根部。以上药剂交替使用，每隔 7 ～ 10 天喷 1 次，连续防治 2 ～ 3 次。

（4）病毒病

症状：病叶褪绿或出现淡与浓绿相间的斑驳，叶脉皱缩畸形，叶面凹凸不平，有的叶片细长呈线状形蕨叶，有的呈花叶型，并有落叶现象。病枝易出现枯顶，植株矮小，分枝极多，呈丛枝状，易引起落花落果。

图 2-10　辣椒病毒病（辣椒产业技术研究院小组　供图）

防治方法：播种前先用清水浸泡种子 4 小时，再用 10% 磷酸三钠溶液浸种 50 分钟，或用 0.1% 高锰酸钾浸种 30 ～ 40 分钟，用清水洗净后播种。在发病初期喷洒 30% 盐酸吗啉胍（病毒灵）600 ～ 1000 倍液，或 20% 盐酸吗啉胍·铜 400 ～ 600 倍液，或 1%

香菇多糖500倍液+40%羟烯·吗啉胍100～150克/亩，加强对蚜虫防治，可有效减轻病毒病发生。以上药剂交替使用，每隔7～10天喷1次，连续防治2～3次。

（5）白粉病

症状：该病仅危害叶片。叶面有褪绿黄色斑，叶背有白色粉状物。严重时病斑密布，全叶变黄。病害流行时，白粉覆满整个叶片，造成大量落叶。

图2-11　辣椒白粉病（辣椒产业技术研究院小组　供图）

防治方法：发病初期可选用20%三唑酮乳油1500倍液，或30%DT悬浮剂600倍液，或12.5%腈菌唑乳油2000倍液，或2%农抗120水剂200倍液等喷雾。以上药剂交替使用，隔7～10天喷1次，连续防治2～3次。

（6）软腐病

症状：主要危害果实。病果初生水浸状暗绿色斑，扩展后变褐腐烂，具恶臭味，果皮变白，果实失水后干缩，吊在枝上，稍遇外力即脱落。

图 2-12　辣椒软腐病（辣椒产业技术研究院小组　供图）

防治方法：实行轮作，加强田间管理，降低田间湿度，及时防治虫害，减少伤口。选用77%可杀得3000可湿性粉剂500倍液，或新植霉素4000倍液，或47%加瑞农可湿性粉剂600倍液等喷雾防治。以上药剂交替使用，每隔7～10天喷1次，连续防治2～3次。

（五）其他措施

1. 植株调整。朝天椒品种不需要打侧枝，线椒品种应及时整枝打杈，及时摘除老叶、黄叶、病叶病果等，摘除主茎第1朵花以下的侧枝，提高结果部位，促进高位分枝，提高辣椒产量和质量。

2. 防止倒伏。采用地膜覆盖的辣椒，分行前在宽行打桩拉绳防倒伏；未覆地膜的辣椒，可结合除草、中耕进行培土，防倒伏。

3. 中耕除草。中耕按前期浅、中期深、后期浅的原则进行，中耕时结合除草。

4. 田园清洁。将残枝败叶清洁干净，集中进行无害化处理，及时清除杂草，以保持田间清洁，同时可减少病虫害的发生，特别是虫害。

第四节 标准化生产的产品质量标准

一、外观等级规格标准

（一）鲜辣椒质量规格（见表2-8）

表2-8 鲜辣椒质量规格

项目		质量等级		
		一级	二级	三级
形状		同品种外观形状一致，果梗、萼片和果实呈固有的本色，果面清洁	同品种外观形状较一致，果梗、萼片和果实呈固有的本色，果面清洁	同品种外观形状基本一致，果梗、萼片和果实呈固有的本色，果面清洁
颜色		果面有光泽，颜色一致	果面有光泽，颜色一致	果面有光泽，颜色基本一致
规格误差	长度（cm）	误差≤0.1	1.0＜误差＜1.5	误差≥1.5
	横茎（cm）	误差≤0.15	0.15＜误差≤0.20	0.20＜误差≤0.25

辣椒产业发展实用指南

续表

项目	质量等级		
	一级	二级	三级
机械伤	无	无	少量，无残缺
整齐度	一致	较一致	基本一致
其他	无异味，无烂椒		

（二）干辣椒质量规格（见表2-9）

表2-9　干辣椒质量规格

项目		质量规格		
		一级	二级	三级
外观形状		形状均匀，具有本品种固有特征，果面洁净	形状均匀，果面洁净	形状有差异，完整
不完善椒	色泽	红色和紫红色，油亮光泽	鲜红或紫红色有光泽	红色或紫红色
	断裂椒	长度不足整椒2/3和破裂长度达椒身宽1/3以上的不得超过1.5%	长度不足整椒2/3和破裂长度达椒身宽1/2以上的不得超过5%	长度不足整椒2/3和破裂长度达椒身宽1/2以上的不得超过7%
	黑斑椒	不允许有	允许黑斑面积达每平方米的不超过0.5%	允许黑斑面积达每平方米的不超过1%
	虫蚀椒	不允许有	不允许有	不允许有
	黄梢花壳	允许有黄色和以红色为主显红白色斑块，且面积在全果的1/4以下的花壳椒，其总量不得超过6%	允许有黄色和以红色为主显红白色斑块，且面积在全果的1/3以下的花壳椒，其总量不得超过3%	允许有黄色和以红色为主显红白色斑块，且面积在全果的1/3以下的白壳椒，其总量不得超过5%

续表

项目	质量规格		
	一级	二级	三级
白皮	不允许有	不允许有	不允许有
不熟椒	不允许有	≤ 3%	≤ 5%
异品种	不允许有	≤ 2%	≤ 4%
杂质	各类杂质总量不超过0.5%,不允许有有害杂质	各类杂质总量不超过1%,不允许有有害杂质	各类杂质总量不超过2%,不允许有有害杂质
水分	≤ 14%	≤ 14%	≤ 14%

二、安全卫生标准

鲜椒安全卫生标准应符合表2-10中的各项指标规定。

表2-10 鲜椒安全卫生指标 单位：mg/kg

序号	项目	指标
1	砷（以 As 计）≤	0.5
2	铅（以 Pb 计）≤	0.2
3	镉（以 Cd 计）≤	0.05
4	汞（以 Hg 计）≤	0.01
5	甲胺磷	不得检出
6	乙酰甲胺磷≤	0.2
7	三氯杀螨醇	不得检出
8	氧化乐果	不得检出
9	敌敌畏≤	0.2
10	乐果≤	1.0
11	敌百虫≤	0.1
12	抗蚜威≤	1.0

续表

序号	项目	指标
13	溴氰菊酯≤	0.5
14	多菌灵≤	0.5
15	百菌清≤	1.0

三、采收、采收处理和贮藏标准

（一）采收

1. 青椒

（1）采收时间

辣椒是多次开花、多次结果的蔬菜，及时采摘有利于提高辣椒产量，采收过迟，不利于植株将养分往上部果实输送，影响上一层果实的膨大。但也不能采摘过早，否则果肉太薄，色泽不光亮，影响果实的商品性。一般在开花后15～20天即可采收。

采摘应在早、晚进行，中午因水分蒸发多，果柄不易脱落，采收时容易伤及植株。同时辣椒最忌在雨天采收，因为下雨天采摘辣椒叶容易脱落，辣椒植株也容易倒伏。

（2）采收成熟度

第一、二层果要早采，迟收将会影响上层结果和果实膨大。其他各层果实长到充分肥大，果实表面的皱褶减少或果皮色泽光洁发亮时采收。

（3）采收次数

采摘时要掌握椒果成熟度和分次采收，成熟一批采收一批，并可根据市场行情适当调整采收时间，没有次数限制。

（4）采收方法

采收时应握住果柄摘下，采收时需用轻质、光滑的篮子或筐盛装，采摘、装运等操作过程中要注意轻拿轻放，避免摔、砸、压、碰撞以及因扭摘用力造成损伤，要注意剔除病、虫、伤果。

2.红椒

（1）采收时间

采摘一般在晴天早晨和下午以及阴天气温较低时进行，应避免在晴天的中午、降雨和露水大时采收。

（2）采收成熟度

采收时要掌握椒果的成熟度，以采红熟果为准，如果误采了未成熟椒果，应将未成熟椒果选出，将未成熟果堆成30厘米左右进行后熟，绛红果一般后熟3～4天，而橘红果后熟1～2天，果面进行全面转红后，再进行干制，红熟果不需后熟直接干制。采摘的果实切忌在田间长时间暴晒。

（3）采收次数

在辣椒收获期，一般采收4～6次，第1～2台果有30%以上红熟后采收第一次，第2～3台果有50%以上红熟后采收第二次，第4～5台果红熟后采收第三次，第6台果红熟后采收第四次，第7台果红熟后采收第五次，第8台果以上红熟后采收第六次。

（4）采收方法

采收时要掌握椒果成熟度和分次采收，红熟一批采收一批，采收时应握住果柄摘下，采收时需用轻质、光滑的篮子或筐盛装，采摘、装运等操作过程中要注意轻拿轻放，避免摔、砸、压、碰撞以及因扭摘用力造成损伤，要注意剔除病、虫、伤果。

（二）采后处理

1. 挑选。人工初选，去除病、虫、伤、烂和畸形果。

2. 贮前处理。用清水洗去表面污物，有条件的可用 30～50℃ 热水和热空气处理 10 分钟，或 0.5% 不含氯的钙溶液浸泡 10 分钟。

3. 分级。将符合要求的产品按不同品种、等级、大小分别包装。等级规格标准按照本节中鲜辣椒质量规格执行。

4. 包装。装入瓦楞纸箱或泡沫箱中，同一箱内产品的等级、规格一致，每箱重量不超过 20 千克为宜；将箱口封牢；包装袋和包装箱上应标明品名、等级规格、净重、产地。

5. 预冷。包装后应及时预冷，24 小时内将产品温度预冷至贮藏温度。要求预冷库温度 10±1℃，相对湿度 80% 以上。预冷时将菜箱顺着冷库冷风流向码放成排，箱与箱之间留出 5 厘米缝隙，每排间隔 20 厘米，菜箱不能紧靠墙壁，应留出 30 厘米的风道。

（三）贮藏

1. 库房与容器消毒（参照 NY/T 1203 执行）

2. 包装件堆放要求

包装件应分批码垛堆放，每垛应挂牌分类，标明品种入库日期，数量，质量检查记录；要求箱体堆码整齐，并留有通风道；贮藏时不宜与有毒有异味的物品混放。

3. 贮藏方法

（1）普通冷藏

8±1℃是青椒贮藏的安全温度，避免3℃以下低温长期贮藏；相对湿度控制在90%～95%为宜。

（2）冷藏结合塑料小包装自发气调库

温度为8±1℃，相对湿度为90%～95%，孔径为1毫米，孔密度为30个每60平方厘米的聚乙烯薄膜袋包装后贮藏。

（3）气调贮藏

温度为8±1℃，相对湿度为90%～95%，具体指标为2%～7%O_2、1%～2%CO_2。

第三章

贵州辣椒制品加工技术

第一节　辣椒原料贮藏技术

一、鲜辣椒原料冷藏保鲜技术

（一）冷库及相关用具的消毒灭菌

提前对冷库进行清洁、灭菌，可用硫磺熏蒸，也可用 1 : 29 的 84 消毒液或 2% 甲醛（福尔马林）进行喷洒消毒，同时，对于各种相关包装物、容器、架杆等物品一起放在冷库中同时进行清洁、消毒。

（二）冷库温度

在辣椒入库前 3 天左右，提前对冷库进行降温，达到储存所要求的温度，一般贮藏适温为 9 ~ 12℃。

（三）适时采收

根据鲜辣椒的用途选择确定合适采收成熟度，选择晴天进行采摘，早晨为宜，无雨水、无露水时采收。采摘时从果实果柄基部摘下，应轻拿轻放，防止机械损伤，保持表面清洁。

辣椒产业发展实用指南

（四）挑选

挑选新鲜、完整、无损伤、无霉变、无虫害、无腐烂、无杂质的辣椒果实进行保鲜处理，同时应剔除病果、虫果、伤果以及杂质，以达到延长保鲜期的目的。

（五）分级

对辣椒进行挑选的同时，按果实大小分成大、中、小三级，分级分别放置，从而提高商品一致性，并可以根据不同级别分级定价。产地存放时间不宜超过 4 小时。

（六）杀菌

辣椒在生长和贮藏期间均有机会发生病害，如黄曲霉污染、病毒病、软腐病和炭疽病等，虽然在挑选阶段已剔除了病果、虫果，但果实在田间种植生长可能已被病原菌所感染，选果时无法用肉眼辨别，为防止在贮藏一段时间后相应的病害滋生蔓延带来的危害，辣椒果实在贮藏前可进行杀菌处理，如均匀、彻底地进行杀菌剂喷施，或者将辣椒果实在允许使用的杀菌保鲜剂溶液中浸泡 2～3 分钟，尽可能除去表面病菌。

（七）鲜椒预冷

辣椒果实在贮藏前须进行彻底和迅速的预冷，预冷方式采用风冷，为了快速去除田间热，降低鲜椒果实的呼吸速率，减缓辣椒分解有机物质的速率，延长保鲜期。冷库预冷温度 9～11℃，相对湿度 90% 以上，辣椒温度达到 10℃。

（八）包装

包装材料应无毒、清洁、干燥、无污染、无异味，具有一定的通透性、防潮性、耐挤压性和环保性，可回收利用或可降解。并根据产品等级分级包装，外包装宜使用瓦楞纸箱或聚苯乙烯泡沫箱进行包装，产品整齐排放。

（九）贮藏

1. 温度：辣椒贮藏的适宜温度一般为 10 ~ 12℃，且应保持辣椒贮藏期间温度稳定，以免温度波动过频、过大引起包装膜结露，造成病菌滋生导致辣椒腐烂。

2. 湿度：辣椒贮藏适宜的相对湿度一般为 85% ~ 95%。湿度低易导致辣椒果实失水萎蔫，从而降低鲜度，影响商品价值；湿度过高易滋生霉菌的繁殖，造成病害。

3. 气体：辣椒适宜的气调环境为氧气 2% ~ 7%，二氧化碳 1% ~ 2%。此外，辣椒在保鲜过程中应该定期清除产生的乙烯气体，可将乙烯吸收剂放置于保鲜袋中，或采用定期通风的方式清除。

（十）运输销售

运输过程主要是注意防冻、防晒和防雨，运输方式可采用"普通车"+"棉被保温"运输，要注意防晒、保湿和通风，夏天应注意降温，冬天应注意防冻。也可采用冷藏车运输，冷藏车温度 10℃，湿度 85% ~ 95%，运输时间不宜超过 36 小时。运输搬运过程应轻拿、轻放，防止机械损伤。销售过程可采用蔬菜冷柜贮藏，蔬菜冷柜温度应与辣椒贮藏保鲜库的温度一致，避免造成冷害。销售过程也可采用常温货架，但储存量不宜过大，防止时间过长导致失水萎蔫，造成商品品质下降。

（十一）贮运技术要点

1. 辣椒极易失水萎蔫，保持果实水分是辣椒保鲜的关键，由于辣椒果实内部是空腔，湿度过低会引起果实失水、变软、萎蔫。所以无论是在贮藏还是在运输过程中都应采用塑料包装袋，防止辣椒失水；但同时若包装袋中湿度过高也会导致辣椒腐烂变质，所以在装袋前要将辣椒果实预冷，并采用有孔的塑料袋或透气膜密封袋等进行包装。

2. 辣椒对低温很敏感，辣椒果实低于 10℃ 易发生冷害，甚至引起冻伤；高于 12℃ 时果实呼吸作用旺盛，加快后熟衰老，所以在贮藏和运输过程中应避免 10℃ 以下的低温，尤其避免持续低温。

3. 辣椒对气体十分敏感，辣椒在贮藏过程中 CO_2 浓度超过 2% 就会发生 CO_2 伤害，因此，在垛藏时要注意不能堆积太紧，垛也不能过大。采用塑料帐贮藏时可在帐底部放入适量的消石灰，消石灰用纸包成包或散放于垛底，但不要直接与辣椒接触。

4. 辣椒易腐烂，贮藏超过 1 月或 1 个半月后就应注意勤检查，防止腐烂辣椒病害蔓延。

二、干辣椒原料贮藏保鲜技术

（一）干辣椒挑选。新鲜红辣椒经过干制后，贮藏前应先对辣椒干进行挑选，剔除破损干辣椒以及"花壳"变质干椒，同时除去杂质异物，并在包装储存时尽量减少果实损伤，保持干辣椒外壳和椒柄的完整。

（二）包装采用符合相关标准和干辣椒包装要求的食品包装用塑料包装袋以及复合薄膜包装袋，包装袋水汽透过率≤0.5g/（m² · d）为宜，若采用其他透过率较高包装袋，应结合当地实际温度、湿度以及贮藏条件选用干燥剂，如硅胶干燥剂、纤维干燥剂及蒙脱石干燥剂等食品干燥剂。

（三）干辣椒储藏管理。根据干辣椒温度和仓储温度宜采取低温保藏，一般建议冷藏温度控制在10～15℃之间，保持干燥低温的状态，有利于保持辣椒干内在品质稳定。

贮藏期间干辣椒保持干燥是其品质稳定的关键条件，因此，辣椒采收后随即迅速进行干燥是干燥贮藏期间防霉的关键，须使辣椒含水量在短时间内降到12%以下。在储藏过程中辣椒干含水量越低，出现霉变的概率就越小。但含水量太低的辣椒在搬运过程中容易破碎。线椒干辣椒在搬运过程中为了防止果实破碎，建议含水量控制在12%左右，储藏期间含水量控制在8%以下。对朝天椒类型的干辣椒，建议在搬运过程中含水量控制在8.5%左右，储藏期间建议含水量控制在8%左右。

储藏环境湿度过高容易使干辣椒吸湿返潮，因此辣椒干贮藏期间除选择透水较低的包装材料外，应密封包装，同时配合抽真空处理，配合使用干燥剂并严格控制贮藏仓库的相对湿度在80%及以下，可起防霉作用，也可充入氮气等惰性气体以控制氧气含量，抑制霉菌滋生。如需在仓库中散储，则库房应遮光、密闭、保持空气相对湿度在65%以下，同时尽快将干辣椒进行周转处理，减少库存量。

此外，应加强仓储环境害虫的防治。一方面提前对仓储进行清洁消毒，避免将陈干辣椒和新干辣椒混合储藏；二是通过控制温度、抽真空等方式创造不利于害虫孵化、繁殖的环境；三是采取仓储防虫药剂，如磷化熏蒸、仓虫净触杀等，药剂的选择和使用应严格按照相关标准要求和操作规程进行。

第二节　非发酵辣椒制品加工技术

一、油辣椒制品加工技术

（一）原料、辅料要求

辣椒：选择油性高的品种，如花溪辣椒、灯笼椒、子弹头等，无霉变、无虫害、无杂质，符合 GB/T 20293 要求；辅料有食用油、食盐、花生、白糖、花椒、味精等，其中食用油符合 GB 2716《植物油感官检测》和 GB 10146《食用动物油脂》要求，食用盐符合 GB 2721《食用盐》要求，食品添加剂应选用 GB 2760 规定的品种并符合相应标准的使用规定。

（二）油辣椒加工技术

1. 加工工艺：干辣椒→筛选→称量→水浸泡→沥干→蒸煮→破碎→熬制（精炼菜籽油，起锅时加入盐、味精、花生、白糖、花椒等各种香料和辅料）→罐装→密封→包装→油辣椒成品

2. 参考配方：湿辣椒 24% ～ 25%；花生米：8% ～ 10%；味精：

3%～5%；花椒面：0.5%～0.8%；白糖：1.5%～3%；食盐：3%～4%；油：55%～60%。原辅料质量按照相关质量标准执行。

3. 加工要点。花生经冷油小火炸制，听见响声后起锅冷却至室温，二次炸制至酥脆后备用；将筛选的干辣椒热水浸泡 30 分钟，沥干，破碎后入菜籽油熬制；起锅后再按顺序加入花椒、盐、白糖、花生、味精，翻至均匀后热罐装即可。

注意事项：选择不同品种干辣椒，根据辣度、风味、色泽等进行原料优化配比，辣椒籽过多时单独炒制粉碎。放入破碎好的辣椒原料之前，将菜籽油的温度控制在 270℃左右；熬制油辣椒拌料时的温度控制在 125℃左右，熬制时间控制在 6 分钟左右；油辣椒罐装入瓶后，温度不能低于 65℃；炒制控制辣椒水分含量，防止花生和辣椒回软，保证产品酥脆。

（三）油辣椒系列产品及其加工技术

1. 辣椒脆片加工技术

（1）工艺流程：辣椒→选料→清洗→去扭、去籽→切片→浸渍→沥干→真空油炸→脱油→冷却→包装→成品

（2）操作要点

选料：选用八至九成熟无腐烂、虫害，个大、肉质厚实的新鲜青椒或红辣椒为原料。

清洗：用清水洗净泥沙及杂物，纵切两半，挖去内部的粗瓤、籽，再用清水冲洗、沥干。

切片、浸渍：将去瓤、籽后的辣椒切成长 4 厘米左右，宽 2 厘米左右的片状，然后投入糖液中浸糖，糖液采用 15% 的白糖，2.5%

的食盐及少量的味精混合而成。糖液温度 60℃，浸渍时间 1～2 小时。

沥干：用清水把附在辣椒片表面的糖浸液冲去、沥干。

真空油炸：将沥干后的辣椒片放入真空油炸机中进行真空油炸，真空度不能低于 0.08 兆帕，油温控制在 80～85℃，如果真空油炸机具有油炸、脱油双功能，不具备脱油功能的则需要用离心机除去辣椒片上多余的油分。

冷却、包装：将脱油后的辣椒片迅速冷却至 40～50℃，并尽快送入包装间进行包装。按片形大小、饱满程度及色泽分选和修整，经检验合格，包装即为成品。

2. 香辣豆豉加工技术

（1）工艺流程

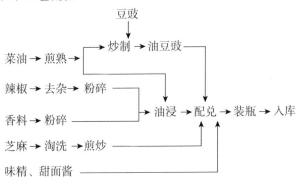

（2）操作要点

辣椒：选颜色鲜红、无霉烂的"二荆条"辣椒干。

豆豉：选用色泽亮黑，质量好，豉粒饱满的黑豆豉，作为制作香辣豆豉的首选原料。

鲜味剂：选用谷氨酸含量不低于 80% 的味精，也可用鸡精等食品鲜味剂。

植物油：应选达国标二级以上的菜籽油。

菜油煎制：将菜油升温至 200℃，待油泡散尽为止。

豆豉处理：将豆豉在油锅中快速翻炒至香味浓郁，立即打捞起锅。切忌炒制过老，造成豉粒发硬发焦，影响产品的口感。

辣椒及香料处理：干辣椒去杂后，与香料按比例混合后用锤式粉碎机粉碎 1～2 次，再用熟菜油淋制浸泡备用。

配兑：将加工好的各道半成品立即配兑拌匀后装瓶。每瓶表面保留 0.5 厘米厚的盖面油。将瓶倒立，自然冷却，打包入库即可。

表 3-1　配料表

原料名	黑豆豉	干椒	菜油	味精	甜面酱	芝麻	香料
重量（kg）	25	6	40	4	8	1.5	1.5

（四）油辣椒产品品质与安全控制

1. 油辣椒的理化质量检测指标。主要检测指标包括水分、酸价、亚硝酸盐、过氧化值、砷、铅、黄曲霉毒素 B_1 等。具体参照食品标准如下：

GB 5009.3　《食品中水分的测定》

GB 5009.229《食品中酸价的测定》

GB 5009.33　《食品中亚硝酸盐与硝酸盐的测定》

GB 5009.227《食品中过氧化值的测定》

GB 5009.11 《食品中总砷及无机砷的测定》

GB 5009.12 《食品中铅的测定》

GB 5009.22 《食品中黄曲霉毒素的测定》

2. 感官检测

表 3-2 感官检测表

项目	要求
外观	产品油润光泽，无正常视力可见外来杂质，无霉变
气味、滋味	具有产品固有的气味和滋味，无异味

3. 微生物检测指标。主要检测菌落总数、大肠埃希氏菌、沙门氏菌、志贺氏菌、金黄色葡萄球菌。具体参照食品标准如下：

GB 4789.2 《食品微生物学检验　菌落总数测定》

GB 4789.38《食品微生物学检验　大肠埃希氏菌计数》

GB 4789.4 《食品微生物学检验　沙门氏菌检验》

GB 4789.5 《食品微生物学检验　志贺氏菌检验》

GB 4789.10《食品微生物学检验　金黄色葡萄球菌检验》

表 3-3 微生物检测限

项目	指标
菌落总数 7(CFU/g) ≤	5000
大肠埃希氏菌 /(MPN/100 g) ≤	30
致病菌（沙门氏菌、志贺氏菌、金黄色葡萄球菌）	不得检出

（五）贮藏与防腐

油辣椒产品应贮存于阴凉、干燥、通风良好、清洁卫生的场所，严禁与有毒、有害、有异味、易挥发、易腐蚀的物品同处贮存，离地离墙存放。

油辣椒通常无须添加防腐剂，如有必要可按 GB 2760 食品添加剂使用标准添加相应的防腐剂及抗氧化剂。

二、辣椒粉（面）制品加工技术

（一）原料、辅料要求

干辣椒原料要求辛辣味适中，成熟度好，色泽鲜红，无腐烂、变质和其他异味；食用盐应符合 GB 2721 的规定；味精应符合 GB 2720 的规定；香辛料应符合 GB/T 15691 的规定；食品添加剂应符合 GB 2760 的规定。

（二）辣椒粉加工技术

1. 工艺流程：原辅料验收→辣椒干挑选、清理→干燥（焙烤或炒制）→粉碎→调配（仅对加工风味辣椒面）→包装→检测

2. 加工要点

（1）原辅料验收：根据各原辅料的执行标准或所签订的收购合同要求进行验收，索证索票。

（2）挑选、清理：干辣椒可采用人工或机械等不同方法挑选除梗，清理检出异色干椒或其他杂质，必要时应用清水清洗辣椒干。

（3）干燥（焙烤或炒制）：原料进入干燥或烘焙箱后，逐渐升温，干燥温度控制在 60~80℃，烘焙温度控制在 100~125℃之间，使辣椒水分进一步蒸发。原料用铁锅炒制时，要逐渐升温，不

断翻动,到表面稍煳即可。干燥(焙烤或炒制)过程应避免受热不均、局部烧焦等现象,辣椒水分控制在 5%～10%。

(4)粉碎:通过机械或专用擂碎,粉碎成细块状或粉末状的辣椒制品。

(5)调配(风味辣椒面):将制好的辣椒面,按配方准确称量加入全部或部分花生、大豆、芝麻、食盐、味精、花椒等调味料,用搅拌机搅拌均匀。

(6)包装:采用粉料包装机装袋包装或人工包装。

(7)贮存:贮存时应保持干燥、通风、防污染,应存放于清洁、干燥、无异味的专用仓库中,不得与有毒、有害、有异味、易挥发、易腐蚀、潮湿的物品同处贮存。产品应堆放在垫板上,且离地、离墙,中间留存通道。仓库周围应无异味污染。产品入库储存应实行先进先出,应按品种分别存放,防止挤压等损伤。

(三)辣椒粉系列产品及其加工技术

辣椒粉产品包括纯辣椒面、煳辣椒面、风味辣椒面等。其中风味辣椒面以辣椒干为主要原料,先熟制成辣椒面。在制作过程中配入一定量的辅料,辅料包括花生、大豆、芝麻、花椒、食盐、味精等全部或部分,部分辅料需经烘焙或炒制。分别将辅料粉碎,与辣椒面混合,调制而成不同风味的即食辣椒粉制品。

(四)辣椒粉产品品质与安全控制

感官要求见表3-4、理化指标见表3-5、微生物限量表见表3-6。

表 3-4 感官要求

项目	要求	
	纯辣椒面	风味辣椒面
外观	呈暗红褐色或浅朱红色，或间有辣椒炒制的焦黑色	呈暗红褐色或浅朱红色，或间有辣椒炒制的焦黑色，或间有所添加辅料的色泽
气味、滋味	具有熟制辣椒特有的香辣气味和滋味，无异味	具有熟制辣椒特有的香辣味，及所添加辅料固有的风味，咸味适中，无异味

表 3-5 理化指标

项目	指标		检验方法
	纯辣椒面	风味辣椒面	
水分，g/100g ≤	10.0	11.0	GB 5009.3
氯化物 a（以 NaCl 计），g/100g ≤	3.0	18.0	GB 5009.44
无盐总灰分，g/100g ≤	10.0		GB 5009.4
酸不溶性灰分，g/100g ≤	3.6		GB 5009.4
总砷（以 As 计），mg/kg ≤	0.5		GB 5009.11
铅（以 Pb 计），mg/kg ≤	1.0		GB 5009.12
黄曲霉毒素 B_1，μg/kg ≤	5.0		GB 5009.22

表 3-6　微生物限量表

项目	采样方案 a 及限量				检验方法
	n	c	m	M	
大肠菌群，CFU/g	5	2	10	100	GB 4789.3
沙门氏菌	5	0	0/25g	–	GB 4789.4
金黄色葡萄球菌，CFU/g	5	2	100	10000	GB 4789.10 第二法
a 样品的采样和处理按 GB 4789.1 执行					

污染物限量应符合 GB 2762 的规定；致病菌限量应符合 GB 29921 的规定。

三、辣椒酱制品加工技术

辣椒酱是以新鲜青（红）辣椒为主要原料，并添加食用油、食盐、大蒜等香辛料为辅料，经过熬制、灌装、杀菌而成的辣椒酱制品。

（一）原料、辅料要求

辣椒：采用新鲜洁净、形态良好、肉厚、无病虫害、无异味、无异常水分、无腐烂、霉伤及冻伤等缺陷、适用于加工要求的新鲜度和成熟度的青（红）辣椒。

食盐：应符合 GB 2721《食用盐》的要求。

白砂糖：应符合 GB/T 317《白砂糖》的要求。

食用油：应符合 GB 2716《植物油感官检测》的要求。

大蒜：应采用品质良好，无霉烂变质的鲜蒜。

其他香辛料：洋葱、生姜、香菜、香葱、花椒、月桂叶、丁香等应无霉烂变质、无虫蛀，品质良好。

其他原辅料：猪肉、牛肉等应符合相应国家食品安全标准。

（二）辣椒酱加工技术

1. 工艺流程：原辅料挑选→清洗→粉碎→配料→熬制→灌装→杀菌→检测→成品

2. 参考配方：辣椒450克、蒜50克、盐15克、油150克，其他原辅料及香辛料根据口味需求酌量添加。

3. 操作要点

（1）原料的选择：挑选新鲜洁净、形态良好、肉厚、无病虫害、无异味、无腐烂等缺陷，适用于加工要求的新鲜度和成熟度的青（红）辣椒。

（2）清洗与粉碎：将经挑选的辣椒洗净、晾干，生姜、大蒜进行去皮清洗，根据不同产品要求将其粉碎（或切分）成不同的酱状或颗粒状备用。

（3）熬制：按配方要求在熬制容器中依次加入食用油、破碎的辣椒（包括姜、蒜等）和盐等，加热熬制。熬制过程中不停搅拌，以防止焦煳。当熬至8成熟时（需10～20分钟），再加入已处理好的猪肉、牛肉（末或丁）和其他辅料及香辛料，继续熬制5～10分钟即可离火。

（4）灌装：将上述熬制完成的辣椒酱趁热采用手工或机械灌装（酱温保持在70～80℃及以上为宜）。

（5）封口：灌装完毕后，采用真空封罐机进行封口，真空度达到0.04 MPa以上。

（6）杀菌：杀菌既可采用高压蒸汽杀菌，亦可采用常压沸水杀菌，常压沸水杀菌：100℃；高压蒸汽杀菌：105～121℃，其杀菌时间需根据产品规格型号及采取的杀菌方式不同而进行调整确定。

（三）辣椒酱产品品质与安全控制。

感官要求见表3-7、理化指标见表3-8。

表3-7　感官要求

项目	要求
外观	黏稠糊状、有颗粒状的辣椒果肉末、辣椒籽仁和蒜末存在、无可见外来杂质
气味、滋味	有产品固有的气味和滋味，无异味

表3-8　理化指标

项目	指标	检验方法	备注
油制青椒辣度值 /（S.H.U）	1000～1500	GB/T 21265	推荐
油制红椒辣度值 /（S.H.U）	1300～2200	GB/T 21265	推荐
水分 /%	40～60	GB 5009.3	
酸价 /（mg/g）≤	3.2	GB 5009.229	
过氧化值 /（g/100g）≤	4	GB 5009.227	
食盐含量 /% ≤	4	GB 5009.44	
亚硝酸盐 /（mg/kg）≤	20	GB 5009.33	

污染物限量应符合GB 2762的规定；致病菌限量应符合GB 29921的规定。

（四）主要加工设备

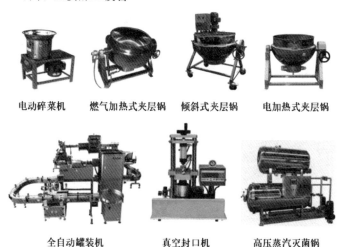

电动碎菜机　　燃气加热式夹层锅　　倾斜式夹层锅　　电加热式夹层锅

全自动罐装机　　　真空封口机　　　高压蒸汽灭菌锅

（五）贮藏与防腐

　　青（红）辣椒酱产品应贮存于阴凉、干燥、通风良好、清洁卫生的场所，严禁与有毒、有害、有异味、易挥发、易腐蚀的物品同处贮存，离地离墙存放。

　　青（红）辣椒酱可添加以下防腐剂进行微生物抑菌，具体添加品种及添加量见 GB 2760 食品添加剂使用标准中相应产品种类的有关规定。

四、糍粑辣椒制品加工技术

　　以辣椒干为原料，经淘洗（或蒸煮）后，添加大蒜、生姜等辅料一起捣碎混合均匀，制成泥状的生制辣椒制品。

（一）原料、辅料要求

辣椒干：应符合相应的食品安全标准和国家相关规定。

大蒜、生姜：大蒜无腐烂、无霉变。符合 GB/T 30383 的规定。

（二）糍粑辣椒加工技术

1. 工艺流程

原辅料验收→辣椒干挑选→清洗→浸泡或蒸煮→配料→捣碎→搅拌、包装→检测

2. 加工要点

（1）干辣椒挑选：除梗，选出败坏、异色干椒和其他杂质。

（2）清洗：采用机械或人工清洗干辣椒、大蒜和生姜，洗去表面可能残留的杂质，沥干，剔除不合格品。

（3）浸泡或蒸煮：浸泡工序可做或不做，根据辣椒口感要求而定。洗净的干辣椒蒸煮 10～30 分钟，冷却。

（4）配料：将干辣椒、大蒜和生姜按比例称量，可添加或不添加食盐或香辛料等。

（5）捣碎：采用绞碎机或专用擂碎，将分别洗净（或蒸煮）后的干辣椒、蒜和姜一起捣碎。此时可根据产品质量及后续保藏条件选择可添加的保藏剂。

（6）搅拌、包装：混合搅拌均匀成泥状，包装成成品。

（7）贮存：贮存应具有低温冷藏条件，应保持干燥、通风、防污染，应存放于清洁、干燥、无异味的专用仓库中，并尽快出库加工使用，有条件宜在冻藏条件下贮藏。产品不得与有毒、有害、有异味、易挥发、易腐蚀、潮湿的物品同处贮存。产品应堆放在垫

板上，且离地、离墙，中间留存通道。仓库周围应无异味污染。产品入库储存应实行先进先出，应按品种分别存放，防止挤压等损伤。

（三）糍粑辣椒产品品质与安全控制

感官要求见表3-9、理化指标见表3-10。

表3-9 感官要求

项目	要求	检验方法
色泽	红色或褐红色	取适量试样于白色瓷盘中，在自然光线下，观察其状态，闻其气味
组织状态	泥状，呈均匀混合体	
滋味、气味	具有本品固有的气味、无霉味、无异味	
杂质	正常视力无可见外来杂质	

表3-10 理化指标

项目	要求	检测方法
水分，g/100g ≤	60.0	GB/T 5009.40
氯化物（以 NaCl 计），g/100g ≤	15.0	GB 5009.44 第三法
酸价 b（以脂肪计）（KOH）mg/g ≤	5.0	GB 5009.229
过氧化值 b（以脂肪计），g/100g ≤	0.25	GB 5009.227
总砷（以 As 计），mg/kg ≤	0.5	GB 5009.11
铅（以 Pb 计）/(mg/kg) ≤	1.0	GB 5009.12
a 与 1.00ml 硝酸银标准滴定溶液 [c(AgNO3)=1.000mol/L] 相当的氯化钠的质量为 0.0585，单位为（g）；b 过氧化值指标仅适用于配料中添加油脂的产品		

第三节 发酵型辣椒制品及其加工技术

一、泡椒制品加工技术

泡椒是一种在发酵容器中以干态或湿态腌制加工而成的盐渍发酵制品。一般原料常见的种类有二荆条泡椒、子弹头泡椒、珠子泡椒和小米辣泡椒。

（一）原料、辅料要求

一般选用二荆条、子弹头、珠子椒及小米辣等品种的辣椒作为原料，原料要求新鲜、完整、无虫害、无霉变、无腐烂、无变质、无其他外来杂质。原料采摘后尽量当天入池（坛）腌制。辣椒与盐水比例一般为 1∶1 或 6∶4，产品含盐量在 6% ～ 10%。

（二）原料、辅料预处理

1. 原料选择：以株子椒及二荆条为原料，分青椒、红椒两类，要求大小均匀、色泽一致，成熟度青椒 7 ～ 7.5 成熟、红椒 7.5 ～ 8.5 成熟。

2. 筛选、去杂：去除组织软烂、霉烂、机械伤果及杂物，同时剪去果蒂。

3. 清洗：洗去辣椒表面的尘埃、污物。

（三）泡辣椒半成品腌渍加工

1. 入池（坛）、压实：将辣椒置入大池或泡菜坛内，装量为容器容积的 80% 左右，然后用木条或竹条将辣椒碾平，铺上网布后再用木条将辣椒压实。

2. 加盐水：按原料及水重 10% ～ 15% 添加食盐，并添加 0.2% 的氯化钙，用部分水充分溶解后加入池内，并与池内无菌水充分混合，用泵循环盐水 3 ～ 5 小时，使盐水成分均匀。

3. 发酵：对具有发酵作用的泡椒产品，可采用自然发酵与人工接种发酵方式完成腌制和成熟。

（1）自然发酵：是利用辣椒表面及水的自然微生物进行发酵，发酵前盐水可用柠檬酸调节 pH 值到 3.5 左右。

（2）人工接种发酵：按原料重的 0.03% 左右称取乳酸菌菌粉，用 10 ～ 20 倍的 30 ～ 35℃温开水溶解菌粉，充分搅拌，在 35℃下，恒温活化 0.5 小时后添加到发酵容器内，充分拌匀，在室温下自然发酵 30 天左右。

（3）发酵管理：发酵的前 3 天为发酵前期，此阶段为菌种繁殖期，应提供适当氧气，采取泵循环盐水 1 ～ 2 小时 / 天；中期管理，此阶段为乳酸发酵期，一般为 5 ～ 7 天，重点观察温度、pH 值的变化情况，同时观察气泡产生及防止液面菌膜生成，一般情况下温度会上升到 30℃左右，pH 值会下降到 3.5 ～ 4.0 左右，同时会有一定的气泡产生，白色菌膜会上浮于液面；后期管理，发酵中期结束后，气泡产生会明显减少，温度及 pH 值变化趋于稳定，时间一般为 1 ～ 2 天，应补盐结束发酵。补盐：按原料及水重 8% ～ 10% 添加食盐，泵循环 2 ～ 3 小时使盐水成分均匀为止。

（四）泡辣椒成品发酵加工技术

1. 出池：将泡好的辣椒取出，沥干。

2.脱盐：用无菌水浸泡辣椒，直至泡椒中含盐量为6%～10%为止。

3.杀菌：可通过臭氧杀菌或辐射杀菌（辐射杀菌参照NY/T 2650《泡椒类食品辐照杀菌技术规范》），并可根据生产及产品卫生安全保障情况添加适量防腐剂，提高货架期稳定性。

4.称量、装瓶：按不同规格包装要求准确称取，并轻拿轻放地装入包装容器内，要求预留10～20毫米顶隙。

5.注罐液：将按配方要求配制好的罐液注入包装容器内，使罐液完全淹没辣椒5毫米左右，并使罐液与罐缘口之间保持5～15毫米的顶隙。

6.密封：用罐盖盖住罐身，拧紧，要求将罐体倒立30分钟不渗漏罐液。

7.包装：按不同包装容器要求，将规定数量装入包装箱内，然后用封口胶将纸箱封口。

（五）泡辣椒加工设备与包装材料（容器）

主要加工设备：发酵池、原料输送机、清洗机、水处理设备、臭氧发生器、灌装机、电磁感应炉铝箔封口机、喷码机等。发酵池和软包装杀菌生产线。

（六）泡椒产品品质与安全控制

1.质量要求：应符合DBS 52/ 012《贵州发酵辣椒制品》的规定。

2.净含量要求：应符合《定量包装商品计量监督管理办法》的规定。

3.食品生产加工过程卫生要求：应符合GB 14881《食品生产

通用卫生规范》的规定。

4. 食品添加剂: 应符合 GB 2760《食品添加剂使用标准》的规定。

（七）存在问题及解决方案

1. 存在问题: 保质期内生花、变软；保质期内涨瓶（袋）。

2. 解决方案: 可以通过构建质量管理体系, 严格生产环节安全控制, 改进加工工艺技术如进行纯种发酵, 添加保脆 / 防腐剂（山梨酸钾 0.30g/L+ 脱氢乙酸钠 0.25g/L + 苯甲酸钠 0.30g/L 组合）等措施, 提高生产质量安全管理水平。

二、糟辣椒制品加工技术

糟辣椒是以红鲜椒为主要原料, 按一定比例添加食盐、米酒或白酒等辅料, 经破碎后密闭发酵而成的辣椒制品。色泽鲜红, 酸辣醇厚, 鲜香浓郁, 特有的香、辣、鲜、酸、嫩、咸、脆的独特风味, 糟辣椒是老少皆宜的贵州传统居家美食调味品。

（一）原料、辅料要求

1. 辣椒: 一般选用 8 ~ 9 成熟的红鲜椒作为原料, 要求新鲜、完整、无虫害、无霉变、无腐烂、无变质、无其他外来杂质。原料采摘后尽量当天入池（坛）腌制。

2. 辅料: 生姜、大蒜, 要求新鲜、无腐烂、无霉变、芳香浓郁的嫩鲜姜及大蒜。

3. 食用盐: 应符合 GB/T 5461《食用盐》的规定。

4. 食品添加剂: 应符合 GB 2760《食品添加剂使用标准》的规定。

5.生产用水：应符合国标生活饮用水的规定。

6.生产环境：加工企业的厂区环境、厂房和车间、设施与设备、卫生条件等应符合GB 14881《食品生产通用卫生规范》的规定。

7.发酵容器：发酵容器可选用陶瓷发酵坛、不锈钢发酵罐及发酵大池等，发酵大池内壁材料应是环氧玻璃钢。使用前应用生石灰水或食品容器消毒剂进行消毒，确保容器清洁卫生。

（二）原料、辅料预处理

1.辣椒原料可采取减菌处理技术：以臭氧浓度0.8ppm处理2分钟，减菌处理效果最佳。臭氧处理可有效降低发酵原料表面杂菌，同时臭氧对蔬菜农药残留有较好的降解作用，提高发酵辣椒质量安全。

2.发酵前添加0.3%乳酸，5%葡萄糖（蔗糖），可调节发酵pH，提高糟辣椒产品的色泽、脆度品质，对有害微生物抑制作用显著；发酵前添加0.15%～0.2%氯化钙利于提高辣椒脆度。

3.发酵前可采用辣椒低温漂烫55℃，3～5分钟，搅拌倒入0.5%海藻酸钠，拌匀后加入0.2%氯化钙，利于保持糟辣椒颜色、脆度及控制污染。

（三）糟辣椒发酵生产技术

1.加工方法

（1）传统风味糟辣椒加工：鲜红辣椒→去缔、整理→清洗晾干→剁碎→拌料（盐8%，姜、蒜各5%左右，或配以甜酒酿2%、冰糖0.5%、米酒2%左右）→装瓶（坛）密封→自然发酵1个月→

包装杀菌→成品

（2）接种强化发酵糟辣椒加工：鲜红辣椒→去缔、整理→清洗晾干→剁碎→食盐及辅料→接种发酵剂→装瓶（坛）→自然或保温（20～35℃）发酵→包装杀菌→成品

（3）复配原料接种发酵糟辣椒加工

新鲜红辣椒、蒜瓣、姜→清洗→绞碎
                                      ↓
大头菜原料预处理→切制成型→晾晒脱水→混合→腌制发酵→计量分装→杀菌→冷却、检验→成品

操作要点：发酵菌种可选用植物乳杆菌、嗜酸乳杆菌、鼠李糖乳杆菌、食品乳杆菌、发酵乳杆菌、双发酵乳杆菌、食果糖乳杆菌、瑞士乳杆菌、德氏乳杆菌亚种等。复配原料及调味配方可根据风味喜好进行选择调配。乳酸菌菌粉添加量 0.4%（或种子液 5%）、食盐添加量 4%～6%、发酵时间 10 天以上。包装后 95℃，10 分钟杀菌，冷却保藏。

（4）腌渍型糟辣椒加工

新鲜红（青）椒 →挑选→去蒂→清洗→漂烫→冷却→沥干→剁碎→配制→拌匀 →装瓶→密封→杀菌→冷却→贮藏
            ↑
生姜、大蒜、食盐、氯化钙

操作要点：辣椒原料可用新鲜红椒或青椒，漂烫温度 85℃，漂烫时间 1～2 分钟，破碎备用。食盐添加量 5% 左右，乳酸（或柠檬酸）0.2%～0.5%，氯化钙添加量 0.1% 左右，预先配成溶液，

再与其他辅料拌和均匀腌渍；装瓶密封后采用巴氏杀菌，杀菌温度80～85 ℃，杀菌时间 15～20 分钟，冷却入库。

2. 加工主要设备

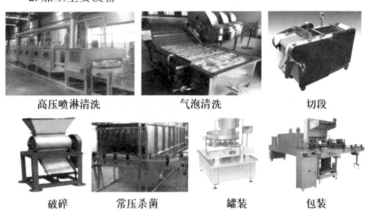

高压喷淋清洗　　　　气泡清洗　　　　切段

破碎　　　常压杀菌　　　罐装　　　包装

（四）糟辣椒保藏技术

1. 包装贮存：产品包装材料应干燥、清洁、无异味、无毒无害，且符合食品包装材料相应标准及相关规定要求。产品应贮存于阴凉、干燥、清洁通风的库房中，不得与有毒、有害、有异味、易挥发、易腐蚀、潮湿的物品同库贮存。装箱产品应与墙面、地面保持适当距离，中间留出通道，产品入库贮存应实行先进先出原则，按品种分别存放，防止挤压。仓库周围应无异味污染。

2. 保藏技术

保藏剂：除常用苯甲酸钠、山梨酸钾等常用防腐剂外，根据情况考虑使用下列食品添加剂。

脱氢醋酸钠：在糟辣椒保藏期间（发酵 20 天后）添加脱氢醋

酸钠 0.05% 左右，包装后巴氏杀菌的温度为 80℃，时间为 30 分钟，有效抑制污染微生物生长繁殖，控制酸度的增加，防止糟辣椒的酸败及软化，有效降低维生素 C 的损失率，提高糟辣椒的营养品质，有效防止亚硝酸盐的生成，提高糟辣椒的安全性。

乳酸：辣椒原料挑选、整理、清洗、剁碎，加盐量为 8%，辅料 2%（生姜、大蒜质量比 1∶1），乳酸添加量为 0.3% 左右，自然发酵。提高糟辣椒色泽品质，可缩短发酵周期，有效减少发酵过程中有害微生物的污染。

壳聚糖：发酵前原料添加一定浓度壳聚糖（0.3% 左右），可有效减少糟辣椒发酵贮藏期间的杂菌污染，控制贮藏期间产品后酸化作用，对保持产品货架期质量稳定，防止品质劣变有利，发酵结束后巴氏杀菌处理。

乳酸链球菌素：在糟辣椒发酵过程中，发酵结束时添加一定浓度乳酸链球菌素（0.05%），有助于半成品保藏期间防止糟辣椒后酸化及贮藏变质，利于保持产品货架期质量稳定。

复合防腐剂：在糟辣椒的发酵过程中，通过保藏剂组合复配，可提高处理效果，如选择脱氢醋酸钠、苯甲酸钠、山梨酸钾三种食品级防腐剂，配方添加量分别按 1∶2.2∶1.4 比例进行复配，发酵结束后添加，能够达到较好抑菌防腐效果，有效延长货架期。

注意要点：从原料到产品生产全过程关键控制点进行技术条件调控，通过栅栏技术原理的综合保藏措施，有效提高产品质量，如原料臭氧水减菌、菌种强化发酵、发酵原料配方优化、抑菌剂防腐剂处理，抽真空密封，巴氏杀菌等各工艺环节系统管控，不仅可以抑制保藏期间微生物生长，控制产品的不良发酵，且有利于保证辣椒的风味及感官品质，应作为企业质量安全管理的根本有效手段。

（五）糟辣椒产品品质与安全控制

1. 质量要求：应符合 DBS 52/ 012《贵州发酵辣椒制品》的规定。

2. 感官要求（见表 3-11）

表 3-11　感官要求

项目	糟辣椒	检验方法
色泽	整体鲜红或间有辅料颗粒的黄色、白色	将适量试样置于干净的白瓷盘中，在自然光照下，观察色泽、组织状态和杂质。闻其气味，品尝滋味
组织状态	固液混合体，辣椒呈碎片，姜、蒜等辅料呈颗粒状，均匀一致，无椒梗	
滋味、气味	具有本品固有的酸、辣、咸、鲜的风味，无异味	
杂质	无正常视力可见外来杂质	

3. 理化指标（见表 3-12）

表 3-12　理化指标

项目	糟辣椒	检测方法
总酸（以乳酸计）/(g/100g) ≤	2.5	GB/T 5009.40
氯化物 a(以 NaCl 计)/(g/100g) ≤	15	GB 5009.44 第三法
过氧化值 b(以脂肪计)/(g/100g) ≤	0.25	GB 5009.227
黄曲霉毒素 B_1/(μg/kg) ≤	5	GB 5009.22
亚硝酸盐 /(mg/kg) ≤	5	GB 5009.33

续表

项目	糟辣椒	检测方法
铅（以 Pb 计）/(mg/kg) ≤	1	GB 5009.12
总砷（以 As 计）/(mg/kg) ≤	0.5	GB 5009.11
a 与 1.00ml 硝酸银标准滴定溶液 [c(AgNO$_3$)=1.000mol/L] 相当的氯化钠的质量为 0.0585，单位为（g）；b 过氧化值指标仅适用于配料中添加油脂的产品		

4. 微生物限量（见表 3-13）

表 3-13　微生物限量

项目	采样方案 a 及限量				检验方法
	n	c	m	M	
大肠杆菌 /(CFU/g)	5	2	10	1000	GB 4789.3 平板计数法
沙门氏菌 b	5	0	0/25g	–	GB 4789.4
金黄色葡萄球菌 /(CFU/g)	5	1	100	1000	GB 4789.10 第二法
a 样品的采样及处理按 GB 4789.1 执行 b 仅限即食类腌制辣椒制品					

三、酸辣椒制品加工技术

（一）原料、辅料要求

原料以个体较大、肉质厚、组织紧密的辣椒为原料。原料要新鲜，宜采收当天使用，避免积压、过高堆压。

（二）原料、辅料预处理

将辣椒原料洗净、沥干水分、剔除不合格品。将辣椒用水翻动冲洗，洗去表面残留的杂质，根据需要适当切分备用。

（三）酸辣椒发酵技术

工艺流程：新鲜辣椒→洗净→沥干水分→切分→盐渍处理→厌氧发酵→配料→分装（真空包装）→成品

注意要点：

1.盐渍处理：将原料处理好后放入质量分数为 8% 的盐水中浸泡，在 25℃条件下泡制 1～2 周。

2.厌氧发酵：将硬化处理好后的辣椒接种老盐水或泡菜用发酵剂发酵，大约 16 天。

3.调配：主要参考配料为 2% 的白砂糖、0.5% 柠檬酸、0.01% 糖精钠、0.03% 苯甲酸钠和 0.02% 脱氢乙酸钠，用沸水溶化并经 150 目滤布过滤后加入辣椒中。

4.真空包装：采用食品用复合袋或不透明铝箔袋真空包装即可。

四、发酵辣椒酱制品加工技术

发酵辣椒酱是以红（青）鲜椒为主要原料，去蒂后加入适量的生姜、米酒或白酒、食盐等辅助原料经磨浆后装坛发酵而制成的酸辣可口的辣椒制品。

（一）素发酵辣椒酱生产技术

1.原料、辅料要求

辣椒：一般选用 8～9 成熟的红鲜椒或青椒作为原料，要求新鲜、完整、无虫害、无霉变、无腐烂、无变质、无其他外来杂质。原料采摘后尽量当天入池（坛）腌制。

生姜、大蒜等辅料：要求新鲜、无腐烂、无霉变、芳香浓郁的嫩鲜姜及大蒜。

2. 素发酵辣椒酱发酵技术

（1）工艺流程

选料→清洗→磨浆→配料→自然发酵→灌装→密封→杀菌→包装→成品

（2）加工要点

①清洗：用清水清洗辣椒及辅料2～3次以除去泥土、杂质，清洗过程中去蒂，放入网筐中沥干表面水分。

②磨浆：沥干后的辣椒及辅料混合放入磨浆设备中磨成泥状，搅拌均匀。

③配料：将辣椒、食盐及其他辅料按比例混合，充分搅拌直至均匀。

④发酵

自然发酵：将拌好料的原料放入发酵容器中，装量为发酵容器容积的90%左右，密封，置于通风、干燥的环境下自然发酵30天左右。

菌粉发酵：取发酵专用菌粉进行发酵前活化，按0.03%左右称取乳酸菌粉，用10～20倍的30～35℃温开水溶解菌粉，充分搅拌，在35℃下恒温0.5小时，备用；然后将活化的菌粉（也可直接使用直投式发酵剂）和原料充分拌匀，放入发酵容器内在室温下自然发酵 30 天左右。

⑤灌装、密封：经发酵完毕后的辣椒酱在定量灌装机中按要求进行灌装，抽真空密封。

⑥杀菌：将密封好的产品进行巴式灭菌 30 分钟左右。

⑦冷却：杀菌后产品应立即冷却，最好采用分段冷却，先从80 ℃冷却到 60 ℃，再从 60 ℃冷却到 35 ～ 40 ℃。

⑧成品：成品应符合 DB 52/457 的规定。

（二）油制发酵辣椒酱生产技术

1. 原料、辅料要求

辣椒：一般选用 8 ～ 9 成熟的红鲜椒或青椒作为原料，要求新鲜、完整、无虫害、无霉变、无腐烂、无变质、无其他外来杂质。原料采摘后尽量当天入池（坛）腌制。

生姜、大蒜等辅料：要求新鲜、无腐烂、无霉变、芳香浓郁的嫩鲜姜及大蒜。

食盐：应符合 GB 2721《食用盐》的要求。

白砂糖：应符合 GB/T 317《白砂糖》的要求。

食用油：应符合 GB 2716《植物油感官检测》的要求。

其他香辛料：洋葱、生姜、香菜、香葱、花椒、月桂叶、丁香等应采用品质良好、无霉烂变质、无虫蛀的产品。

其他原辅料：猪肉、牛肉等应符合相应国家食品安全标准。

2. 油制发酵辣椒酱加工技术

（1）工艺流程

选料→清洗→磨浆→配料→自然发酵→熬制→灌装→杀菌→检

测→成品

（2）操作要点

①清洗：用清水清洗辣椒及辅料 2～3 次以除去泥土、杂质，清洗过程中去蒂，放入网框中沥干表面水分。

②磨浆：沥干后的辣椒及辅料混合放入磨浆设备中磨成泥状，搅拌均匀。

③配料：将辣椒、食盐及其他辅料按比例混合，拌匀。

④发酵

自然发酵：将拌好料的原料放入发酵容器中，装量为发酵容器容积的 90% 左右，密封，置于通风干燥的环境下自然发酵 30 天左右。

菌粉发酵：先进行菌粉活化，按原料重 0.03% 左右称取乳酸菌粉，用 10～20 倍的 30～35℃温开水溶解菌粉，充分搅拌，在 35℃下恒温 0.5 小时，备用；然后将活化的菌粉（也可直接用直投式发酵剂和原料充分拌匀，放入发酵容器内在室温下自然发酵 30 天左右。

⑤熬制：按配方要求在熬制容器中依次加入食用油、发酵结束的辣椒和盐等，加热熬制。熬制过程中不停搅拌，以防止焦煳。当熬至 8 成熟时（需 10～20 分钟），再加入已处理好的猪肉、牛肉（末或丁）和其他辅料及香辛料，继续熬制 5～10 分钟即可离火。

⑥灌装：将上述熬制完成的辣椒酱趁热采用手工或机械灌装（酱温不低于 70～80℃为宜）。

⑦封口：灌装完毕后，采用真空封罐机进行封口，真空度达到

0.04 MPa 以上。

⑧杀菌：杀菌既可采用高压蒸汽杀菌，亦可采用常压沸水杀菌。常压沸水杀菌：100℃；高压蒸汽杀菌：105～121℃，其杀菌时间需根据产品规格型号及采取的杀菌方式不同而进行调整确定。

第四节　辣椒深加工及综合利用技术

一、辣椒深加工及综合利用发展现状

辣椒属于茄科辣椒属，其营养价值高，维生素 C 的含量在蔬菜中居第一位。辣椒全身都是宝，富含辣椒碱、二氢辣椒碱、辣椒红素以及钙、磷等。从辣椒中提取出来的辣椒碱、辣椒红色素作为健康、无毒的天然食品添加剂，在食品、医疗、化妆及军事行业中具有广泛的应用价值。因此，对辣椒进行深加工综合开发利用，能大大提高它的社会效益和经济效益。

近年来，随着辣椒产品的多元化开发，以及国际市场对辣椒产品贸易需求的变化，辣椒精深加工产品如辣椒色素、辣椒素、辣椒碱、辣椒籽油等的需求量快速攀升，辣椒深加工企业也逐渐增多，但我国对辣椒的高附加值综合深加工产品的加工仍然较少，且加工技术相对滞后，产品仍存在许多问题，如辣椒色素中辣味成分含量过高，辣椒碱的纯度不高，辣椒油树脂的色度和辣度不够，辣椒籽油的色值较低等，严重影响了我国辣椒精深加工产品的出口和销售。

长期以来对辣椒红素和辣椒碱的提取主要以溶剂萃取为主，溶剂主要为溶剂油、正己烷、食用酒精，近年开始采用超临界萃取技术进行精制，以及采用膜分离技术等，使产品质量大幅度提高。加之近年各辣椒专业厂家在生产中都不断进行技术改造，使工艺得到进一步完善，使我国辣椒红生产的总体技术水平和生产工艺的合理性较过去大幅度提升，产品的综合成本得以降低，产品市场竞争能力进一步增强。

二、辣椒红素提取、深加工利用

（一）辣椒色素提取

辣椒红色素又名辣椒红，是从成熟红辣椒果实中提取的四萜类天然色素，属类胡萝卜素。产品呈黏稠的液状，也可烘干呈固体粉末状，不溶于水，可溶于乙醇和油脂中，辣椒红色素色价高，着色力和保色效果好，天然安全，是食品工业中健康、无毒的天然食品添加剂，有着广泛的应用前景。

辣椒色素提取的方法主要有：溶剂提取法、超临界流体萃取、超高压提取法、分子蒸馏法和超声波提取法等。

1.溶剂提取法：这是辣椒色素的常规提取方法。其原理是利用辣椒红色素易溶于有机溶剂的特性，来达到提取的目的。利用有机溶剂，如乙醇、氯仿、正己烷等浸提辣椒粉末，浓缩得到含油的辣椒油树脂，最后将提取液减压蒸馏、分离纯化，即得到符合要求的辣椒红色素产品。该方法具有设备操作简单，成本较低等优势，但提取的产品溶剂残留量高、纯度不高。

2.超临界流体萃取：是一种新型的萃取分离技术，一般常用的是超临界 CO_2 萃取法，主要是通过调控温度和压力，改变超临界 CO_2 的密度，从而改变其对物质的溶解能力，有选择地萃取所需成分。其工艺操作简单，能耗低，克服了传统分离方法的不足，萃取溶剂无毒，易回收，所得产品纯度高。

3.超高压提取法：该方法的原理是利用超高气压作用，使提取介质发生空化现象，从而产生极大压力，导致生物体细胞瞬间壁破碎。整个过程属于物理过程，不涉及化学反应。利用超高压法提取不仅能保证色素纯，得率高，且不需要将原料粉碎，所得残渣还可以进行综合利用。

4.分子蒸馏法：是一种最温和的蒸馏分离手段，克服了传统蒸馏操作温度高、受热时间长的缺点，能够最大限度地保护产品免受热破坏；与溶剂萃取法相比，克服了有机溶剂残留量大的问题，经分子蒸馏后，产品中有机溶剂的残留量只有 20 毫克 / 千克。

5.超声波提取法：此法是目前应用于天然产物提取的热门方法，因为超声具有破碎和搅拌等作用，辣椒组织中的辣椒红色素很容易溶入溶剂中，从而提高其在溶剂中的溶解度。与传统的溶剂萃取法相比，超声波提取法需要的溶剂少、时间短、得率高。

（二）辣椒色素的应用

1.食品行业：辣椒红素是从辣椒果肉中提取出来的天然色素，被美国、英国等国家认定为无限制性使用的天然食品添加剂，是目前国际上公认的最好的红色素，纯品为深红色液体，其显色强度为其他色素的 10 倍。

2. 保健行业：辣椒红素属类胡萝卜素，而 β - 胡萝卜素活性可增加被着色产品的营养保健作用，辣椒红色素因其着色和营养双重功能，越来越受到人们的重视，应用范围不断扩大。

3. 医药工业：目前对辣椒红素和类胡萝卜素的体外试验显示，它们能有效抑制 EBV-EA 的活性，从而抑制肿瘤的生长，尤其对于因化学药品产生的肿瘤具有预防效果。且把辣椒红色素用作药品糖衣着色剂，色泽鲜艳且安全无害，使人乐于接受，尤其小儿用药更佳。

4. 化妆品业：辣椒红色素作为安全且着色效果好的天然色素，在化妆品行业更是有着极高的应用价值，成为许多高端化妆品着色时的首选。

三、辣椒碱提取与开发利用

辣椒碱又称辣椒素、辣椒辣素等，是引起辣椒辛辣味的主要化学物质，具有许多生理活性。辣椒碱具有广谱抑菌作用，对细菌和酵母菌有较好的抑制作用；辣椒碱在不同 pH 值、高温下都很稳定，是很好的天然防腐剂，有着广泛的应用范围，具有镇痛消炎、促进脂肪代谢、清除体内自由基、加速新陈代谢、预防癌症等功效。

（一）辣椒碱的提取

目前，从天然辣椒中提取辣椒碱的方法主要有：溶剂萃取法、微波法和临界 CO_2 萃取法三种。

1. 溶剂萃取法：主要采用乙醇、丙酮、石油醚等单一溶剂或混合溶剂来萃取，将辣椒粉常温搅拌、浸取、过滤数次，滤液浓缩得到辣椒树脂，用 65% ～ 75% 的酒精在温热条件下搅拌后，冷却静置分层，树脂状物质脱出残留溶剂后可得辣椒红色素，溶有辣味素和其他杂质的稀酒精，经浓缩蒸馏后可得辣味素含量为 6% ～ 10% 的辣椒精。该方法具有浸取能力大、易于大量生产、可以实现辣椒碱与辣椒红色素综合开发的优点，但杂质含量高，生产损耗大，精制难度大。

2. 微波法：将干辣椒粉置于聚四氟乙烯密封消化罐中，加入乙醇作为溶剂，密封，置于微波消解系统中 120kPa 下萃取 120 秒，萃取液离心过滤，得初提辣椒精。与溶剂法相比，微波法具有萃取速度快、萃取效率高等优点，但该法目前还未能实现规模化和工业化。

3. 临界 CO_2 萃取法：同样以乙醇作为夹带剂，进行超临界 CO_2 萃取，可初提得到辣椒精。一般萃取时间为 2 ～ 3 小时，提高 CO_2 流量可缩短萃取时间，且在分离器中得到的辣椒碱含量较高的辣椒精。该方法具有纯度高、杂质含量低、萃取得率高、可实现辣椒碱与辣椒红色素综合开发的优点，但该方法一次性设备投资大，广泛推广普及使用有一定困难。

（二）辣椒碱的应用

1. 食品行业：辣椒碱已作为安全的食品添加剂和优质的调味品，广泛应用于食品工业，主要用于各种辣味食品的调味或作为食品厂的原料，在食品中除了调味，还具有一定的营养价值。

2. 医药工业：辣椒碱的药用价值很高，可用来制备外用剂（软膏或喷剂），可促进局部血液循环，有利于去瘀肿，能治疗重症风湿性关节炎、关节痛、肌肉酸痛、牙痛等。在杀虫和抗菌方面,辣椒碱不仅能抑制细菌,也能抑制真菌,可作为天然防腐剂。

3. 新型农药:辣椒碱单独或与其他农药复配作为一种新型生物农药,属新型环保型生物农药,其特点是药效高、持效长、可降解,而且不会对哺乳动物造成持久性的伤害。

4. 天然饲料:辣椒碱作为饲料,能促进动物的胃液分泌、增强食欲,促进血液循环,提高机体的抗病能力,还有驱虫、发汗等功效,可用于动物腹泻和炎症等疾病的防治。

5. 调料工业:基于辣椒碱的刺激性气味,以辣椒碱为原料制成的高档特种防腐涂料,可用于轮船外壳、木树、金属、塑料管等的表面涂层。在电缆和光缆上用于防鼠涂层添加剂;在木质建筑上用于防白蚁涂料等。

6. 安保行业:辣椒碱具有强烈的刺激性,良好的催泪作用,且无毒副作用,可制作成防护喷雾,可使动物或犯罪分子立即出现睁不开双眼、剧烈咳嗽、胸痛等症状,从而使其失去抵抗能力,且不会造成致命和永久伤害,可以有效保护自身安全。

四、辣椒加工副产物综合开发及高值化利用

(一)辣椒叶的综合利用研究现状

1. 辣椒叶的营养成分:辣椒叶为茄科植物辣椒的叶,味苦、性温,是一种药食两用的植物,同时具有消肿涤络、杀虫止痒、治水肿、顽癣、冻疮等功效。鲜辣椒叶不仅含有大量蛋白质、脂肪、碳水化合物、维生素 C,而且还含有丰富的钙、铁、锌、磷等元素。

研究表明，辣椒叶中蛋白质含量极其丰富，可高达21.07%，是辣椒果实的3倍多，微量元素，钙、铁、锰、锌均高于果实，具有营养价值和开发潜力。目前，我国已开发出盐渍辣椒叶、辣椒叶软罐头、速冻辣椒叶、辣椒叶饮料等产品。因此，辣椒叶不仅可成为人们餐桌上的美味佳肴，还是集食用、药用、保健于一身的天然食品。

2. 辣椒叶中多酚和黄酮物质的提取及研究：辣椒叶中含有丰富的多酚类和黄酮类化合物，辣椒叶多酚具有抗氧化、抗癌、抗过敏、防龋齿、消臭美白、降血压和保护大脑等多种生理功能，广泛应用于食品保鲜、化妆品及肿瘤辅助治疗等方面。

（二）辣椒籽的综合利用研究现状

1. 辣椒籽的营养成分：辣椒籽为辣椒的种子，占全果干质量的30%～40%，辣椒籽在辣椒深加工生产辣椒素和辣椒红色素时，一般作为废弃物丢弃，造成很大的资源浪费，同时也带来环境污染。辣椒籽中富含粗脂肪15.91%、总糖3.60%、总蛋白7.87%、辣椒素0.56‰，蛋白中必需氨基酸含量2.77%～4.44%。辣椒籽具有生津开胃、预防（缓解）心脑血管疾病、养颜减肥、益神健脑、增强免疫力等功效。

2. 辣椒籽油脂和黄酮的提取：辣椒籽中含有约20%的油脂，其中不饱和脂肪酸中的油酸和亚油酸含量较高，其中亚油酸对高脂血症和动脉硬化具有较好的预防作用；辣椒籽中黄酮提取物等抗氧化性物质含量较高。此外辣椒籽还含有维生素E、甾醇及黄酮等活性物质。辣椒籽油的提取方法一般有溶剂萃取法、超声辅助法、超

临界 CO_2 法及生物酶法等。

3. 食品添加剂及饲料：脱脂辣椒籽粉含有丰富的蛋白质、矿物质和糖类等营养成分。辣椒籽蛋白是一种优质的非传统植物蛋白来源，氨基酸种类齐全，谷氨酸和天冬氨酸的含量较高，可以作为食品配料添加到面包、肉类等食品中，也可添加到饲料中，能够作为大豆、玉米粉的又一替代物。

4. 膳食纤维：辣椒籽脱脂、脱蛋白质后的主要成分是膳食纤维，它可以用于饼干、面点中，既强化食品的营养又能降低成本，另外还有预防便秘等功效。另外，可通过改性提高水溶性膳食纤维含量，提高其持水力，从而改善其加工性能和生理功能，拓宽应用范围。

（三）辣椒秆的综合利用研究现状

1. 辣椒秆的营养成分：辣椒秆为辣椒的主干部分，质硬而中空，幼苗时称为茎，成熟时为秸秆。辣椒秆富含粗蛋白 14.79% ～ 16.72%，粗灰分 11.20% ～ 11.48%，粗纤维 28.55% ～ 33.82%，还含有一定量的辣椒素、二氢辣椒素。辣椒秆可以作为提取辣椒素的原料。

2. 辣椒秆生产饲料的研究：辣椒秸秆饲料中含有较高的纤维成分，而能量水平较低。适量粗纤维，可以通过改善肠道微生态环境而提高畜禽生产性能。

3. 辣椒秆作为辣椒培养基质的研究：无土基质栽培技术是避免土传病害和获得优质高产的关键技术，辣椒秆作为辣椒培养基质具有较好的前景。

4.辣椒秆制备高比表面积活性炭的研究：活性炭是一种多孔炭材料，被广泛应用于农业、工业、交通、国防、环境保护等领域。废弃秸秆含碳量高、灰分及硫含量低，这符合制备活性炭原料的条件，同时又能变废为宝。

第五节 **辣椒制品杀菌技术**

一、辣椒制品热杀菌技术

（一）巴氏杀菌法

将混合原料加热至 68～70℃，并保持此温度 30 分钟以后急速冷却到 4～5℃。因为一般细菌的致死点均为温度 68℃与时间 30 分钟以下，所以将混合原料经此法处理后，可杀灭其中的致病性细菌和绝大多数非致病性细菌；混合原料加热后突然冷却，急剧的热与冷变化也可以促使细菌的死亡。在一定温度范围内，温度越低，细菌繁殖越慢；温度越高，繁殖越快（一般微生物生长的适宜温度为 28～37℃）。但温度太高，细菌就会死亡。不同的细菌有不同的最适生长温度和耐热、耐冷能力。巴氏消毒其实就是利用病原体不耐热的特点，用适当的温度和保温时间处理，将其全部杀灭。但经巴氏消毒后，仍保留了小部分无害或有益、较耐热的细菌或细菌芽孢，因此应尽快销售食用或在低温箱冷藏为宜。

（二）流通蒸汽杀菌法

在常压条件下，采用100℃流通蒸气加热杀灭微生物的方法，灭菌时间通常为30～60分钟。该法适用于消毒以及不耐高热制剂的灭菌，但不能保证杀灭所有芽孢，是非可靠的灭菌方法。

（三）超高温瞬时杀菌法

将产品在封闭的系统中加热到120℃以上，持续几秒钟后迅速冷却至室温的一种杀菌方法。将超高温瞬时杀菌技术和无菌包装技术结合起来，经过超高温瞬时杀菌后，在一个无菌的环境中将产品包装起来，就可有效地控制产品的微生物总量，极大地延长食品的保质期，并且由于杀菌持续时间很短，可最大限度地保存产品营养和风味。

二、辣椒制品冷杀菌技术

（一）超高压杀菌法

在密闭的超高压容器内，用水作为介质对软包装食品施以400MPa～600MPa的压力或用高级液压油施以100MPa～1000MPa的压力，破坏微生物的细胞壁，使蛋白质凝固，抑制酶的活性和DNA等遗传物质的复制，从而杀死食品内几乎所有的细菌、霉菌和酵母菌，而且不会造成营养成分破坏和风味变化。该技术应用于所有含液体成分的固态或液态食物，如水果、蔬菜、奶制品、酒类等。

（二）强磁脉冲杀菌法

利用强脉冲磁场的生物效应进行杀菌，杀菌时间短，一般处理几秒到几十秒，杀菌效果好且温升小，能保持食品原有的风味、滋味、色香、品质和组分（维生素、氨基酸等）不变。该技术适用范围广，能用于各种罐装（或封装）前液态物料、液态食品等的消毒杀菌。

（三）微波杀菌法

微波热效应和生物效应共同作用的结果。微波对细菌膜断面的电位分布影响细胞膜周围电子和离子浓度，从而改变细胞膜的通透性，导致细菌不能正常新陈代谢，生长发育受阻碍死亡。实践证明采用微波装置在杀菌温度、杀菌时间、产品品质保持、产品保质期及节能方面都有明显的优势。

（四）紫外线杀菌法

在食品应用仅有 γ 射线，通过穿透微生物，使细胞质内结构产生变异导致死亡。如微生物代谢的核酸代谢环节能被射线抑制，蛋白质因照射作用而发生变性。射线照射不引起温度上升，故这种杀菌方式属于"冷杀菌"。不同微生物对放射线的抵抗力存在差异，一般抗热力大的细菌，对放射线的抵抗力也较大。

（五）臭氧杀菌法

以氧原子的氧化作用破坏微生物膜的结构，以实现杀菌作用。臭氧对细菌的灭活反应迅速，能与细菌细胞壁脂类的双键反应，穿入菌体内部，作用于细胞膜蛋白和脂多糖，改变细胞的通透性，从而导致细菌死亡。臭氧还作用于细胞内的核物质，如作用于核酸中的嘌呤和嘧啶破坏 DNA。

（六）超声波杀菌法

一种有效的辅助杀菌方法。超声波处理过程中，当高强度的超声波在液体介质中传播时，产生纵波，从而产生交替压缩和膨胀的区域，这些压力改变的区域易引起空穴现象，并在介质中形成微小气泡核。微小气泡核在绝热收缩及崩溃的瞬间，其内部呈现5000℃以上的高温及50000kPa的压力，从而使液体中某些细菌致死，病毒失活。

附件 1

贵州省农村产业革命辣椒产业
发展推进方案
（2019—2021 年）

近年来，在省委、省政府和各级农业部门的强力推动下，深化农村供给侧结构性改革，全省推进辣椒产业裂变发展，种植规模迅速扩大、产业链条不断完善，"小辣椒"渐成"大气候"，产销规模全国第一，已成为助农增收的大产业、脱贫攻坚和乡村振兴的新引擎。为深入贯彻落实省委、省政府关于深化农村产业革命的决策部署，充分发挥我省辣椒产业优势，整合多方力量，促进产业转型升级，推动辣椒产业高质量发展，促进椒农持续增收，特制定本方案。

一、总体要求

（一）指导思想

以习近平新时代中国特色社会主义思想为指导思想，坚持精准扶贫精准脱贫基本方略，以"食用"作为我省辣椒基本定位，打造"生态贵椒·香辣天下"的品牌特色，以"稳规模、提质量、强龙头、带农户、促增收"为目标，按照"五步工作法"、产业发展"八要素"的要求，围绕"一城、两市场、三基地、四中心"的建设目标，全产业链向规模化、集群化、高端化、国际化发展，实现从辣椒大省向辣椒强省的发展跨越。

（二）基本原则

坚持市场主导，政府引导。遵循经济规律，充分发挥政府规划引领作用，通过出台政策、搭建平台、整合资源，引导企业加强全产业链发展，加快辣椒强省建设。

坚持科技创新，绿色发展。落实"绿色、生态、高效"发展理念，强化产品研发，促进科技创新和转化应用，不断提高标准化生产水平，创新产业发展模式，健全产业链条。

坚持产业融合，协调发展。做好国家级产销平台、加工集群与优质产区的有效对接，推进辣椒一二三产业深度融合，促进产业协调发展。

坚持品牌引领，重点突破。发挥贵州辣椒"香辣协调·品味温醇"品质优势，以"特色、生态、安全"为核心竞争力，打造贵州辣椒公共品牌，提升品牌影响力。

坚持利益联结，农民增收。坚持强龙头、创品牌、带农户，大力推广"龙头企业＋合作社＋农户"模式，建立健全利益联结机制，带动农户发展，促进脱贫增收致富。

（三）发展目标

总体目标

到 2021 年，全省种植面积稳定在 500 万亩以上，产量 650 万吨，产值 230 亿元，打造一批高效种植示范基地，建成规模化、标准化基地 150 万亩；"产加销"互动，以"老干妈""贵三红"等龙头企业为重点打造国际加工贸易基地，加工产值达 150 亿元，建设国家级辣椒专业市场，辣椒交易额突破 800 亿元，打造辣椒强省。

打造"一城、两市场、三基地、四中心"，围绕一城（中国辣椒城）、两市场（全球性辣椒专业批发市场、全国重要的辣椒期货交易市场）、三基地（全国最大的高标准优质辣椒种植基地、全国领先多品系辣椒制品精深加工基地、国家级辣椒研发基地）、四中心（全国辣椒产业信息发布和产品价格形成中心、辣椒货物物流集散中心、辣椒会展贸易中心、辣椒文化交流中心）的建设目标，全力推进辣椒品种、种植、加工、流通、市场、品牌等全链条向规模化、集群化、高端化、国际化发展，加快建设世界辣椒加工贸易基地，实现"中国辣椒、贵州定价、全球销售"。

年度目标

2019 年，种植面积稳定在 500 万亩、产量 600 万吨、产值 200 亿元，建成规模化、标准化基地 100 万亩，加工产值 120 亿元，辣椒交易额突破 700 亿元。

2020 年，种植面积稳定在 500 万亩、产量 625 万吨、产值 215 亿元，建成规模化、标准化基地 120 万亩，加工产值 135 亿元，辣椒交易额突破 750 亿元。

2021 年，种植面积稳定在 500 万亩以上、产量 650 万吨、产值 230 亿元，建成规模化、标准化基地 150 万亩，加工产值 150 亿元，辣椒交易额突破 800 亿元。

二、产业布局

优化产业布局，重点打造"两带五区"和"一城、两市场、三基地、四中心"。

"两带"是以地理位置和辣椒用途划分，分别是北部加工型辣椒产业带、南部鲜食辣椒产业带。

"五区"分别是黔北—黔东北加工型辣椒产区、黔西北加工型辣椒产区、黔南—黔东南鲜食辣椒产区、黔中鲜食辣椒产区和南部河谷鲜食辣椒产区。黔北—黔东北加工型辣椒产区主要推广遵辣、遵椒、艳椒等系列朝天椒品种，重点布局在播州、汇川、新蒲、绥阳、湄潭、凤冈、余庆、正安、道真、务川、习水、桐梓、印江、松桃、思南、石阡、德江等地；黔西北加工型辣椒产区主要推广大方皱椒、毕节线椒等系列线椒品种，重点布局在金沙、黔西、大方、七星关、纳雍、威宁等地；黔南—黔东南鲜食辣椒产区主要推广黄平、独山等本地线椒、长辣等系列线椒品种，主要布局在瓮安、平塘、都匀、独山、长顺、贵定、黄平、施秉、岑巩、锦屏等地；黔中鲜食产区主要推广花溪、平坝、镇宁等本地小辣椒和线椒品种，主要布局在开阳、修文、清镇、花溪、西秀、镇宁、关岭、平坝等地；南部河谷鲜食辣椒产区主要推广湘研、辣丰、长辣等青椒品种。重点布局在罗甸、三都、平塘、荔波、惠水、册亨、望谟、关岭、镇宁、紫云等地。

三、重点任务

（一）加快新品种更新换代

1. 加强优良品种推广。组织开展"换种工程"。主推遵椒、遵辣、黔辣、辣研等系列已审定、登记的特色优势品种，力争重点县主栽品种 3 年更换一次。〔牵头单位：省农业农村厅；责任单位：省科技厅、贵州大学、省农科院，各市（州）党委、政府，贵安新区党工委、管委会〕

2. 加强新品种引进试验筛选工作。重点引育选择贵州特色加工型、鲜食辣椒品种 10 个，力争重点县主栽自主选育品种占比达 80% 以上，试验示范推广贵州特色辣椒品种 2019 年至 2021 年分别达到 50 万亩、80 万亩、100 万亩。开展不同品种辣椒气候适宜性研究分析。〔牵头单位：省农科院；责任单位：省农业农村厅、省科技厅、省气象局、贵州大学，各市（州）党委、政府，贵安新区党工委、管委会〕

（二）强化规模化、标准化基地建设

1. 加强设施设备配套。围绕 500 亩以上坝区农业产业结构调整，完善机耕道、生产便道、水利灌溉、电网等基础设施，配套集约化育苗、山地农机、预冷、烘干等设施设备，到 2021 年建成

能排能灌、通行便利、抗灾能力较强的标准化、规模化生产基地150万亩。〔牵头单位：省农业农村厅；责任单位：省发展和改革委员会、省财政厅、省交通运输厅、省自然资源厅、省水利厅、省扶贫办、省能源局、省地方金融监管局，各市（州）党委、政府，贵安新区党工委、管委会〕

2. 推广绿色生产技术。推广集约化育苗、水肥一体化、增施有机肥、绿色防控等绿色生态生产技术，大力推广"稻—椒—菜""椒—菜—菜"等高效接茬模式，在规模化、标准化基地实现绿色生产技术覆盖率达100%。〔牵头单位：省农业农村厅；责任单位：省发展和改革委员会、省财政厅、省商务厅、省自然资源厅、省水利厅、省扶贫办、省能源局、省地方金融监管局，各市（州）党委、政府，贵安新区党工委、管委会〕

3. 开展"清源"行动。在主产区禁止销售限用农药，在规模化、标准化基地全面禁止化学除草剂和限用农药，推广使用可降解地膜和生物发酵降解池，循环利用生产副产物。〔牵头单位：省农业农村厅；责任单位：省发展和改革委员会、省财政厅、省商务厅、省自然资源厅、省扶贫办、省能源局，各市（州）党委、政府，贵安新区党工委、管委会〕

（三）强化科技支撑

1. 组织科技攻关。针对品种退化、山地农机缺乏、加工工艺滞后等产业短板，组织设立重大科研专项，实现关键环节和瓶颈问题取得突破。重点选育适合贵州特色的品种，加强地方特色品种改良工作，搭建科研院校与龙头企业、合作社等新型农业经营主体共建

辣椒产业发展实用指南

科技转化平台，加快科研成果转化落地。〔牵头单位：省科技厅；责任单位：省农业农村厅、省人力资源和社会保障厅、省教育厅，各市（州）党委、政府，贵安新区党工委、管委会〕

2. 加强人才队伍建设。加强专业人才培育，确保重点县专业技术人员 5 名以上，主产乡镇 2 名以上。定期开展基层技术队伍和职业椒农技能培训，每年培训 20 万人（次）以上。完善基层专业技术职务评聘制度，充分调动基层农技人员积极性。〔牵头单位：省人力资源和社会保障厅；责任单位：省农业农村厅、省科技厅、省教育厅、贵州大学、省农科院、贵州科学院，各市（州）党委、政府，贵安新区党工委、管委会〕

3. 强化技术指导。建立农技人员包村联户式服务机制，做到定人定点，确保科技入户。建立各级专家服务团队，进村入户开展巡回技术指导。〔牵头单位：省科技厅；责任单位：省农业农村厅、省人力资源和社会保障厅、省教育厅、贵州大学、省农科院、贵州科学院，各市（州）党委、政府，贵安新区党工委、管委会〕

4. 加强气象保障服务。建立省级辣椒气象服务中心，积极申报和创建国家级辣椒特色农业气象服务中心；围绕辣椒产业布局开展气候论证和气象指数保险研究和应用；做好辣椒产业全过程气象保障服务，加强辣椒气象灾害监测、预报预警和评估。〔牵头：省气象局；责任单位：省农业农村厅，各市（州）党委、政府，贵安新区党工委、管委会〕

（四）培育壮大经营主体

1. 引进优强企业。组织开展专业招商引资活动 3 场，力争引进一批带动力强的"产加销"企业 10 家以上。〔牵头单位：省投资促进局；责任单位：省工商联、省农业农村厅，各市（州）党委、政府，贵安新区党工委、管委会〕

2. 培育新型经营主体。支持和引导省内龙头企业、国有企业、平台公司、其他工商企业"转向改行"参与产业发展。鼓励深度贫困地区成立辣椒农民专业合作社。大力推广"三变"改革经验，完善企业和农户的利益联结机制。到 2021 年培育省级龙头企业 50 家，农民专业合作社 300 个，提升产业组织化程度。〔牵头单位：省农业农村厅；责任单位：省商务厅、省工商联、省工业和信息化厅、省财政厅、省地方金融监管局、省银保监局，各市（州）党委、政府，贵安新区党工委、管委会〕

（五）加强产销对接

1. 继续举办"中国·贵州国际辣椒博览会"。将"辣博会"力争升格成省人民政府与农业农村部、商务部共同主办的重大盛会，多形式全方位加强宣传，提高贵州辣椒品牌影响力。同时，大力组织企业参加国内外农产品博览会、产销推介会等活动，提升贵州辣椒知名度。〔牵头单位：省农业农村厅；责任单位：省商务厅、省交通运输厅、省市场监管局，各市（州）党委、政府，贵安新区党工委、管委会〕

2. 不断开拓省外市场。整合资源优势，打造辣椒产销联合体，支持各市（州）培育区域性公共品牌，坚持产销"五统一"。在广州、上海、青岛、宁波、大连、苏州、杭州 7 个对口帮扶城市和目标市场建立贵州辣椒产品旗舰店或展销中心。鼓励企业在目标市场构建辣椒产品专营店、文化体验店等，完善市场销售网络。〔牵头单位：省商务厅；责任单位：省农业农村厅、省扶贫办、省发展和改革委员会、省大数据局、省交通运输厅、省地方金融监管局，各市（州）党委、政府，贵安新区党工委、管委会〕

3.鼓励发展电子商务。采取线上线下相结合等方式，完善交易平台和物流通道，拓展销售渠道。〔牵头单位：省商务厅；责任单位：省农业农村厅、省扶贫办、省发展和改革委员会、省大数据局、省交通运输厅、省地方金融监管局，各市（州）党委、政府，贵安新区党工委、管委会〕

4.加强宣传推介。制订实施品牌推广计划，到目标城市开展宣传推介10次，在高速路服务区建设辣椒产品专柜，利用央视等主流媒体、高速公路广告牌、网络等全方位宣传产品。〔牵头单位：省委宣传部；责任单位：省农业农村厅、省商务厅、省交通运输厅、省市场监管局，各市（州）党委、政府，贵安新区党工委、管委会〕

（六）强化质量安全监管

1.完善标准化体系建设。制定、修订一批省级地方标准，鼓励企业制定、修订企业标准，强化标准化技术推广应用，鼓励经营主体打造一批"绿色食品""有机食品""地理标志产品"等优质特色产品，到2021年，新增"绿色食品""有机食品""地理标志产品"等产品认证30个。〔牵头单位：省农业农村厅；责任单位：省卫生健康委、省市场监管局、贵州大学、省农科院、贵州科学院，各市（州）党委、政府，贵安新区党工委、管委会〕

2.加强质量安全监管。建立健全产地准出、市场准入制度，建立完善产品检验检测体系，鼓励企业建立农产品质量安全可追溯系统，实现质量安全监管全覆盖。〔牵头单位：省农业农村厅；责任单位：省市场监管局、省农科院、贵州科学院、贵州大学，各市（州）党委、政府，贵安新区党工委、管委会〕

（七）推进国家级辣椒专业市场建设

加快推进中国辣椒城升级改造。配套鲜椒、生产物资、辣椒制品交易及物流包装等功能区，建设辣椒特色美食城。加快推进"辣椒云"平台建设，加快"遵义辣椒价格指数"上线运行，建成全国辣椒定价中心和信息发布中心；积极配合大连商品交易所在遵义建设辣椒期货交割库，建成辣椒期货交易市场，构建中国辣椒交易中心。〔牵头单位：省商务厅；责任单位：省农业农村厅、省地方金融监管局、省大数据局、省发展和改革委员会，各市（州）党委、政府，贵安新区党工委、管委会〕

（八）促进产业融合发展

1. 建设国际辣椒加工贸易基地。通过千企改造，从厂房改造、设备提升等方面，支持加工企业扩能转型升级。大力延伸精深加工产业链，支持企业组建辣椒制品研发工程中心，研发辣椒制品新工艺，开发辣子鸡、辣子鱼、辣椒保健品等"辣椒＋"产品，重点建设虾子世界辣椒食品加工园和石板世界辣椒调味品中心2个百亿级产业园，推动我省辣椒加工业发展。〔牵头单位：省工业与信息化厅；责任单位：省商务厅、省财政厅、省科技厅、省工商联、省地方金融监管局，各市（州）党委、政府，贵安新区党工委、管委会〕

2. 推动农文旅一体化发展。创建一批集创意农业、农耕体验、传统制品加工、乡村手工艺、饮食休闲、旅游观光于一体的观光园区、特色小镇等，到2021年建成观光园2～3个，特色小镇1～2个。挖掘传奇故事，举办丰富多彩的文化活动2～3次，加快推进农文旅一体化融合发展。〔牵头单位：省文化和旅游厅；责任单位：省农业农村厅，各市（州）党委、政府，贵安新区党工委、管委会〕

（九）探索金融服务模式

1. 加大金融支持力度。通过适当新增财政资金，整合现有资金，改变资金使用方式等渠道，实施农银企产业共同体创新试点项目，以财政资金撬动社会资本、金融资金，支持辣椒全产业链建设。市（州）和辣椒主产县县级财政同步预算安排辣椒产业发展专项资金。统筹整合财政涉农资金，重点向产业重点县和极贫乡（镇）倾斜，推进基础设施建设。采取以奖代补、边建边补、贷款贴息、融资担保等多种形式撬动社会金融资本，引导和扶持辣椒产业发展壮大。〔牵头单位：省财政厅；责任单位：省农业农村厅、各市（州）党委、政府，贵安新区党工委、管委会〕

2. 强化绿色产业扶贫投资基金保障。积极争取贵州绿色产业扶贫投资基金，市（州）和县（市、区）政府要对基金投资项目开辟绿色通道、简化手续、服务前移、全程跟踪服务，对符合政策条件的项目优先受理、优先审批，优先放贷，确保项目快速落地。〔牵头单位：省地方金融监管局；责任单位：省财政厅、省农业农村厅、各市（州）党委、政府，贵安新区党工委、管委会〕

3. 推进农业保险。全面开展辣椒种植自然灾害保险，加快推进辣椒价格目标指数保险，确保椒农应保尽保，建立健全辣椒风险保障机制。〔牵头单位：省地方金融监管局；责任单位：省财政厅、省银保监局、省农业农村厅，各市（州）党委、政府，贵安新区党工委、管委会〕

四、保障措施

（一）强化组织领导。成立以省领导为召集人、省直有关部门和单位负责人为成员的省辣椒产业发展领导小组，加强工作部署、组织协调、督促和考核检查。各地要高度重视，参照省辣椒专班运作模式，成立工作专班，统筹推进本地区辣椒产业发展。

（二）完善工作机制。各地要明确工作职责，建立目标责任制，完善工作机制，强化工作协调，上下联动，一个环节一个环节研究透彻产业问题，一个问题一个问题层层抓好工作落实。加强部门协作，各成员单位要各司其职、密切配合，强化措施、协作联动，统筹基地打造、人才培养、科技攻关、资金支持、主体培育、产销衔接等工作，集中研究解决工作推进中遇到的困难和问题，积极推进辣椒产业发展。

（三）加强政策扶持。做好产业规划，制定细化实施方案，将各项指标层层分解，明确目标任务，抓好生产、加工、销售各个环节工作任务的落实。各级部门要根据本地实际制定具体实施方案，出台、完善、规范在资金支持、用地、用电、用水、物流、加工等方面的招商引资优惠政策，层层抓好政策措施落实，促进正向激励。

（四）强化督查考核。各地要对标对表加强督促检查，确保各项任务目标顺利完成。对督导检查中发现的问题，及时反馈，督促整改纠偏。同时，建立激励机制，对推动辣椒产业发展突出的县（市、区）给予重点扶持。

附件 1-1　全省辣椒产业发展目标任务分解表

附件 1-2　全省辣椒产业布局

附件 1-3　贵州省农村产业革命辣椒产业专家名单

全省辣椒产业发展目标任务分解表

市（州）	2019 年				2020 年				2021 年			
	种植规模（万亩）	产量（万吨）	产值（亿元）	规模化标准化基地（万亩）	种植规模（万亩）	产量（万吨）	产值（亿元）	规模化标准化基地（万亩）	种植规模（万亩）	产量（万吨）	产值（亿元）	规模化标准化基地（万亩）
全省	500	600	200	100	500	625	215	120	500	650	225	150
贵阳市	15	18	6	2	15	19	6.5	2	15	19	7	2
遵义市	210	250	83	43	210	260	90	60	210	275	95	90
六盘水市	8	9	3	1	8	10	3.3	1	8	10	3.4	1
安顺市	22	30	10	3	22	31	10.5	3	22	31	10.6	3
毕节市	75	90	30	20	75	93	32	21	75	97	34	21
铜仁市	55	66	22	10	55	70	24	10	55	71	24.5	10
黔南州	65	79	26	12	65	81	27.8	12	65	84	29	12
黔西南州	20	23	8	4	20	25	8.5	6	20	26	9	6
黔东南州	30	35	12	5	30	36	12.4	5	30	37	12.5	5

辣椒产业发展实用指南

附件1-2

全省辣椒产业布局

产业布局	重点县	海拔（米）	种植面积[万亩（次）]	重点发展品种	上市时段	目标市场
北部—黔东北加工型辣椒产业带	黔北—黔东北产区：播州、汇川、湄潭、绥阳、凤冈、余庆、新蒲、正安、道真、务川、习水、桐梓、印江、松桃、思南、石阡、德江；黔西北产区：金沙、黔西、大方、七星关、纳雍、威宁等地	700～1500	300	黔北—黔东北产区：遵辣、遵椒、艳椒等系列朝天椒品种；黔西北产区：大方皱椒、毕节线椒等系列线椒品种	8～10月	珠江、长江中下游、成渝、港澳和东南亚等市场
南部—黔东南鲜食辣椒产业带	黔南—黔东南产区：瓮安、平塘、都匀、独山、长顺、贵定、黄平、施秉、岑巩、锦屏等地；黔中产区：开阳、修文、清镇、花溪、西秀、关岭、平坝等地	1000～2400	60	黔南—黔东南产区：黄平、独山等本地线椒、长辣等系列线椒品种；黔中产区：花溪、平坝、镇宁等本地小辣椒和线椒品种	8～10月	成渝、长江中下游地区市场和华南地区
南部河谷产区	罗甸、三都、平塘、荔波、惠水、册亨、望谟、关岭、镇宁、紫云等地	<700	140	湘研、辣丰、长辣等青椒品种	11～12月和3～5月	四川、重庆、湖南、广西、广东、贵阳和周边市场

附件 1-3

贵州省农村产业革命辣椒产业专家名单

一、省外专家

邹学校　中国工程院院士、湖南农业大学校长

张宝玺　中国农业科学院蔬菜花卉所研究员

戴雄泽　湖南省蔬菜研究所研究员

王述彬　江苏农业科学院研究员

黄任中　重庆市农业科学院蔬菜所党委书记、研究员

二、省内专家

向青云　省农业农村厅副厅长级干部、研究员

吴康云　省农科院辣椒研究所所长、研究员

姜　虹　省农业科学院品种资源研究所所长、研究员

胡明文　省农业科学院辣椒研究所副所长、研究员

杨　红　省农业科学院辣椒研究所研究员

余常水　遵义市农业科学院研究员

谭书明　贵州大学生命科学学院副院长、教授

王永平　贵州财经大学教授

胡家敏　省山地环境气候研究所高工

何建文　省农科院辣椒研究所副研究员

邢　丹　省农科院辣椒研究所副研究员

张绍刚　省果树和蔬菜工作站站长、研究员

唐　勇　省山地农业机械研究所所长、研究员

韩　峰　省土壤肥料工作总站副站长、研究员

谈孝凤　省植保植检站研究员

三、重点产区技术服务专家团队

李琼芬　黔南州农业农村局副局长

毛　东　遵义市果蔬站站长、研究员

陈德军　贵阳市蔬菜站站长、高级经济师

粟周群　黔东南州果蔬站站长、研究员

陈祖瑶　毕节市产业办主任、研究员

阮　军　铜仁市蔬果办站长、高级农艺师

白世友　安顺市蔬菜办副主任

胡建宗　遵义市果蔬工作站副站长、高级农艺师

蒋　华　余庆县果蔬站站长、研究员

曾令明　绥阳县经作站站长、高级农艺师

易　伦　播州区蔬菜（辣椒）中心主任、高级农艺师

王文芬　思南县经作站高级农艺师

附件 2

2019 年贵州省辣椒产业发展实施方案

为深入贯彻落实省委、省政府关于深化农村产业革命的决策部署，充分发挥我省辣椒产业比较优势，做大做强我省辣椒产业，促进产业转型升级，特制定本方案。

一、总体要求

（一）指导思想

以"稳规模、提质量、强龙头、带农户、促增收"为目标，按照"五步工作法"、产业发展"八要素"的要求，围绕"一城、两市场、三基地、四中心"建设目标，全力推进品种、种植、加工、流通、市场、品牌等全产业链向规模化、集群化、高端化、国际化发展，推进产业高质量发展，决战脱贫攻坚。

（二）基本原则

坚持市场主导，政府引导。遵循经济规律，充分发挥政府规划引领作用，通过出台政策、搭建平台、整合资源，引导企业加强全产业链建设。

坚持科技创新，绿色发展。围绕"绿色、生态、高效"发展理念，强化产品研发，创新发展模式，促进科技创新和转化应用，提升产业发展质量。

坚持产业融合，协调发展。做好销售市场、加工集群与优质产区的有效对接，推进一二三产业深度融合，促进产业协调发展。

坚持品牌引领，重点突破。充分发挥贵州辣椒"香辣协调、品味温醇"的品质优势，以"特色、生态、安全"为核心竞争力，促进产业提质增效、转型升级。

坚持利益联结，农民增收。坚持强龙头、创品牌、带农户，建立健全利益联结机制，大力推广"三变"改革经验，促进脱贫增收致富。

坚持问题导向，关键因子突破。以问题导向，找到破解难题的方法和途径，使品种杂乱、规模化标准化程度低、经营主体不强、产销对接不畅、企业融资难等制约产业发展的关键因子有所突破。

（三）目标任务

年度总体目标：2019 年全省辣椒种植面积稳定在 500 万亩，产量 600 万吨，产值 200 亿元；深加工提质增效，加工产值 120 亿元；创新产销衔接机制，辣椒交易额突破 700 亿元。

年度具体任务：

实施"换种工程"26 万亩，基地良种覆盖率达到 90% 以上；

推广绿色高质高效生产技术，提升标准化种植水平，技术覆盖率 85% 以上；

提升标准化、规模化种植水平，制定、修订辣椒系列标准，建成规模化、标准化基地 100 万亩；

升级改造中国辣椒城，建设国家级辣椒专业市场；

培育农民专业合作社 200 个、省级龙头企业 40 家，推广"龙头企业＋合作社＋农户"组织方式；

探索制定促进辣椒产业发展的金融、保险等政策措施体系。

二、重点任务

（一）加快优势品种换代和推广

1.加强优良品种推广。开展辣椒"换种工程"26 万亩，主推遵椒、遵辣、黔辣、辣研等系列特色优势品种，基地良种覆盖率达到 90% 以上。重点县利用烟草育苗大棚和原有大棚设施改造、新建育苗大棚等方式，按照 1 亩大田 5 平方米育苗设施标准，穴盘育苗与漂浮育苗并举，力争集中育苗率达到 60% 以上。〔牵头单位：省农业农村厅；责任单位：省农科院、省科技厅、各市（州）党委、政府，贵安新区党工委、管委会〕

2.加强新品种引进、鉴选工作。以市场为导向，重点引进、鉴选一批适于加工、鲜食的特色辣椒品种，推广应用 50 万亩，重点县（市、区）主栽自选品种力争占比达 80% 以上。同时，开展辣椒品种气候适宜性、不同品种布局气候论证、气象灾害指标等研究，实现辣椒品种气候精细化区划和灾害风险分析。〔牵头单位：省农业农村厅；责任单位：省科技厅、省农科院、省气象局、贵州

大学，各市（州）党委、政府，贵安新区党工委、管委会〕

（二）编制和发布规范化标准化办法

1.完善标准化体系建设。制定、修订《鲜椒运输技术规程》《干椒贮藏技术规程》《鲜椒贮藏技术规程》《红椒快速干燥技术规程》等标准。鼓励和支持企业制定、修订企业标准，主产县（市、区）新型经营主体应用标准体系。（牵头单位：省农业农村厅；责任单位：省市场监管局、省卫生健康委、贵州大学、省农科院，相关企业）

2.集成高质高效种植模式。开展水肥一体化、节水保墒、高效接茬及病虫害绿色防控等生态化技术研究，总结漂浮育苗、喷雾器点灌、高厢地膜高产栽培、轻简化栽培等实用技术，集成一批适宜规模的区域性、标准化、绿色优质、高产高效的生产技术模式。〔牵头单位：省农科院；责任单位：省农业农村厅、贵州大学，各市（州）党委、政府，贵安新区党工委、管委会，重点县（市、区）党委、政府〕

（三）提升规模化、标准化生产水平

1.加强设施设备配套。围绕500亩以上坝区农业产业结构调整，完善机耕道、生产便道、水利灌溉、电网等基础设施，配套集约化育苗、山地农机、预冷、烘干等设施设备，建设能排能灌、通行便利、抗灾能力较强的规模化、标准化生产基地100万亩。〔牵头单位：省农业农村厅；责任单位：省发展和改革委员会、省财政厅、省交通运输厅、省自然资源厅、省水利厅、省扶贫办、省能源局、省地方金融监管局，各市（州）党委、政府，贵安新区党工委、管委会，重点县（市、区）党委、政府〕

2. 推广绿色生产技术。推广集约化育苗、水肥一体化、增施有机肥、绿色防控、山地机械等绿色生态生产技术，大力推广"稻—椒—菜""椒—菜—菜"等高效接茬模式，建设省级示范点10个、市（州）示范点30个、县级示范点60个，争取技术覆盖率达到85%以上。〔牵头单位：省农业农村厅；责任单位：省农科院、贵州大学、省科学院，各市（州）党委、政府，贵安新区党工委、管委会，重点县（市、区）党委、政府〕

3. 推广机械化生产技术。举办辣椒种植、收获机械演示现场会，在规模化、标准化基地推广育苗、整地、开沟起垄、移栽、施肥、打药、采收、烘干等山地机械应用，提高机械化覆盖率。〔牵头单位：省农业农村厅；责任单位：省农科院、贵州大学、省科学院，各市（州）党委、政府，贵安新区党工委、管委会，重点县（市、区）党委、政府〕

4. 加强质量安全监管。以中国辣椒城为重点建立中国辣椒产品质量检验检测中心，完善省、市、县、乡四级农产品质量检测中心（站）建设，推动地方农产品溯源数据与上级平台互联互通。〔牵头单位：省市场监管局；责任单位：省农业农村厅、省科学院，各市（州）党委、政府，贵安新区党工委、管委会，重点县（市、区）党委、政府〕

5. 开展标准化技术培训。开展省、市、县、乡技术队伍和职业椒农技能培训20万人（次），提升标准化种植水平。〔牵头单位：省农业农村厅；责任单位：省教育厅、省科技厅、省农科院、省科学院、贵州大学，各市（州）党委、政府，贵安新区党工委、管委

会，重点县（市、区）党委、政府〕

（四）加强辣椒产业产销对接

1.举办"中国·贵州国际辣椒博览会"。力争升格为省人民政府与农业农村部、商务部共同主办的"辣博会"，提升贵州辣椒品牌影响力。〔牵头单位：省农业农村厅；责任单位：省商务厅，各市（州）党委、政府，贵安新区党工委、管委会〕

2.拓展销售渠道。利用东西部扶贫协作机遇，鼓励支持龙头企业在北京、上海、广州等目标市场初步构建贵州辣椒产品专营店、代销店、文化体验店等；在贵阳、遵义等机场和高铁站，兰海、沪昆等高速路沿线服务区建立销售专柜和推介宣传窗口。〔牵头单位：省商务厅；责任单位：省农业农村厅、省扶贫办、省交通运输厅，各市（州）党委、政府，贵安新区党工委、管委会〕

3.构建辣椒产销联合体。整合资源，在重点县（市、区）组建集生产、加工、包装、仓储、流通为一体的产销联合体，形成以贵阳市、遵义市、毕节市为核心，其他市（州）、贵安新区为补充的加工企业集群，培育省级龙头企业40家，农民专业合作社200个。举办种植经营主体和销售、加工经营主体对接会，促进种植加工销售有效衔接，实现利益链、价值链最大化，加工产值120亿元，辣椒交易额突破700亿元。〔牵头单位：省工业和信息化厅；责任单位：省农业农村厅、省商务厅，各市（州）党委、政府，贵安新区党工委、管委会〕

（五）申报国家级辣椒专业市场

辣椒城升级改造。在中国辣椒城完善鲜椒、生产物资、辣椒制品交易及物流包装等功能区，扩大市场带动力和覆盖面，积极推进辣椒云大数据中心建设，开展B2B线上交易、仓单贷款、期货交易等工作，申报国家级辣椒专业市场。充分发挥辣椒指数对基地建设、加工销售、仓储物流、金融保险等方面的作用。（牵头单位：省商务厅；责任单位：省农业农村厅、省大数据局，遵义市人民政府）

（六）探索金融服务模式

1.加大财政投入。适当新增财政资金，整合现有资金，重点支持主产区建设集约化育苗设施、规模化标准化基地、烘干设施建设和市场开拓补贴，以项目申报的方式，采取以奖代补、边建边补、贷款贴息、融资担保等多种形式进行补贴，探索运行农银企产业共同体模式，撬动社会金融资本，解决全产业链发展资金需求的难题，发展壮大辣椒产业。各市（州）和辣椒重点县也要安排辣椒产业发展专项资金，同时统筹整合财政涉农资金，加大对辣椒产业发展的基础设施建设和市场开拓，推进辣椒强省建设。〔牵头单位：省财政厅；责任单位：省农业农村厅，各市（州）党委、政府，贵安新区党工委、管委会，重点县（市、区）党委、政府〕

2.加大金融支持力度。推广"政银担"模式。省农业信贷担保公司对辣椒产业单列流动资金贷款担保额度，开发辣椒产业政策性担保品种，创新反担保措施，适当提高代偿风险容忍度，帮助辣椒产业新型农业经营主体解决收储资金、生产资金周转困难等问题。按照"一县一业"农担产业贷补助标准，给予担保贷款总额1%的担保费补助、1%的贷款贴息；对贷款的基准利率部分给予50%的贴息，切实帮助解决融资难、融资贵的问题。〔牵头单位：省财政厅；责任单位：省地方金融监管局、省农业农村厅，各市（州）党委、政府，贵安新区党工委、管委会〕

3. 用好用活绿色产业扶贫投资基金。积极引导金融资本、社会资本参与辣椒产业发展，做好各县（市、区）贵州绿色产业扶贫投资基金项目申报、审查、推荐等工作，协调有关金融机构，加快绿色产业基金的投放工作，提高基金使用效率，助推产业发展和脱贫攻坚。〔牵头单位：省地方金融监管局；责任单位：省财政厅、省农业农村厅、各市（州）党委、政府，贵安新区党工委、管委会，重点县党委、政府〕

4. 扩大保险覆盖面。坚持"政府引导、市场运作，参保自愿、规模适度"的原则，鼓励和支持种植户、专业合作社、龙头企业积极参保。整合各级财政涉农资金支持开展农业保险，全面开展自然灾害保险，确保应保尽保。〔牵头单位：省地方金融监管局；责任单位：省财政厅、省银保监局、省农业农村厅，各市（州）党委、政府，贵安新区党工委、管委会，重点县（市、区）党委、政府〕

5. 推广目标价格指数险。在重点县推广目标价格指数保险，实现从"保成本"向"保收益"转变。重点向规模化标准化种植大户、合作社、龙头企业参保，在保险期间内因市场因素导致收益减少给予赔偿，争取按"5113"结构（省、市、县、农户分别投保的比例）纳入国家政策保险。〔牵头单位：省银保监局；责任单位：省财政厅、省地方金融监管局、省农业农村厅，各市（州）党委、政府，贵安新区党工委、管委会，重点县（市、区）党委、政府〕

三、保障措施

（一）加强组织领导。成立以省人民政府分管领导领衔、省直有关部门和单位负责同志为成员的省辣椒产业发展工作领导小组，召开工作推进会，加强工作部署、组织协调和考核检查。各市（州）、重点县（市、区）加强组织领导、强化工作协调，积极推进本地区辣椒产业发展。

（二）完善工作机制。小组成员单位要各司其职、密切配合，强化措施、协作联动，集中研究解决工作推进中遇到的困难和问题，积极推进产业发展。各地要明确工作职责，建立目标责任制，完善工作机制，强化工作协调，上下联动，一个环节一个环节研究透彻产业问题，一个问题一个问题层层抓好工作落实。每月向省辣椒专班报送有关工作推进情况。

（三）加强政策扶持。做好产业规划，制定细化实施方案，将各项指标层层分解，明确目标任务，抓好生产、加工、销售各个环节工作任务的落实。各成员单位要根据方案制定相应的实施细则，各市（州）和重点县（市、区）要制定实施方案（报专班备案），出台、完善、规范在资金支持、用地、用电、用水、物流、加工等方面的招商引资优惠政策，层层抓好政策措施落实，促进正向激励。

（四）强化督查考核。要加强督促检查工作，确保各项任务目标顺利实现。建立激励机制，对推动辣椒产业发展突出的县（区）给予重点扶持；对发现的问题，及时向市（州）和县（区）政府及相关部门反馈，强化督促整改。

附表 2-1　2019 年全省辣椒产业发展目标任务分解表

附表 2-1

2019 年全省辣椒产业发展目标任务分解表

市（州）	种植规模（万亩）	产量（万吨）	产值（亿元）	规模化基地面积（万亩）	换种工程（万亩）
全省	500	600	200	100	26
贵阳市	15	18	6	2	0.2
遵义市	210	250	83	43	12
六盘水市	8	9	3	1	0.1
安顺市	22	30	10	3	0.7
毕节市	75	90	30	20	10
铜仁市	55	66	22	10	1
黔南州	65	79	26	12	1
黔西南州	20	23	8	4	0.5
黔东南州	30	35	12	5	0.5

2020年贵州省辣椒产业发展实施方案

为深入贯彻落实省委、省政府关于深入推进农村产业革命的决策部署，大力发展辣椒产业，决战决胜脱贫攻坚，按照《贵州省农村产业革命辣椒产业发展推进方案（2019—2021年）》要求，确保按时完成今年目标任务，特制定本方案。

一、目标任务

全省辣椒种植面积515万亩，产量685万吨，种植产值230亿元、加工产值135亿元、交易额突破750亿元，推进辣椒产业高质量发展，推动实现辣椒大省向辣椒强省跨越，为促进农民持续增收、稳定脱贫奠定坚实基础。

其中，遵义市210万亩、产量260万吨、产值90亿元；毕节市80万亩、产量124万吨、产值42.5亿元；黔南州66万亩、产量92万吨、产值28亿元；铜仁市55万亩、产量70万吨、产值

23 亿元；黔东南州 32 万亩、产量 38 万吨、产值 14 亿元；安顺市 26 万亩、产量 45 万吨、产值 13 亿元；黔西南州 21 万亩、产量 24 万吨、产值 9 亿元；贵阳市 15 万亩、产量 19 万吨、产值 6.5 亿元；六盘水市 10 万亩、产量 13 万吨、产值 4 亿元。

二、重点措施

（一）加强优良品种推广。主推遵椒、遵辣、黔辣、辣研、贵椒等系列特色优势品种，提升良种覆盖率。通过集中育苗开展辣椒"换种工程"，重点利用原有大棚设施改造、新建育苗大棚等方式，大力推广穴盘育苗与漂浮育苗并举，力争集中育苗率达到 60% 以上。以市场为导向，开展新优辣椒品种试验示范，推广适合贵州种植的优良杂交品种。支持辣椒种质资源库建设，促进辣椒产业可持续发展。〔牵头单位：省农业农村厅；责任单位：省科技厅、省农科院、各市（州）人民政府〕

（二）加强基地建设。围绕坝区农业产业结构调整，完善机耕道、生产便道、水利灌溉、电力、物联网等基础设施，配套集约化育苗、山地农机、冷链物流、烘干设施设备等，建设能排能灌、通行便利、抗灾能力较强的规模化、标准化生产基地。建成规模化、标准化基地 150 万亩。利用"两江一河"低热河谷条件，建设春提早、秋延晚辣椒示范基地，建成 12 万亩早提春辣椒基地。〔牵头单位：省农业农村厅；责任单位：省发展和改革委员会、省财政厅、省交通运输厅、省自然资源厅、省水利厅、省扶贫办，各市（州）人民政府，重点县（市、区）人民政府〕

（三）推广绿色生产技术。推广集约化育苗、水肥一体化、增施有机肥、绿色防控等绿色生产技术，标准化种植技术覆盖率85%以上。举办育苗移栽暨田间管理、采收等现场观摩会，全面禁止使用化学除草剂和限用农药，推广易回收或可降解的地膜，建设省级示范点20个、市（州）示范点40个、县级示范点80个，争取技术覆盖率达到95%以上。在重点县大力推广绿色优质、高产高效的"稻—椒—菜""菜—椒—菜""椒—菌"等高效生产技术模式。〔牵头单位：省农业农村厅；责任单位：贵州大学、省农科院，各市（州）人民政府，重点县（市、区）人民政府〕

（四）强化技术支持。完善标准化体系建设，制定、修订辣椒种植技术、加工、交易流通等系列标准。鼓励和支持企业制定、修订企业标准，主产县（市、区）新型经营主体应用标准体系。加大科技研发力度，支持品种选育、新品种开发和加工工艺提升改造。〔牵头单位：省市场监管局；责任单位：省科技厅、省农业农村厅、贵州大学，各市（州）人民政府，重点县（市、区）人民政府〕

（五）加大资金投入力度。整合现有资金、政策性银行扶持资金、充分研究政策性资金使用办法，撬动更多资金使用在辣椒产业，加大对辣椒产业发展的基础设施建设和市场开拓，推进辣椒强省建设。推广"农银企产业共同体（SPV）"模式，创新反担保措施，创设资金池等，帮助辣椒产业新型农业经营主体解决收储资金、生产资金周转难等问题。做好各县（市、区）贵州绿色产业扶贫投资基金项目申报、审查、推荐等工作，协调有关金融机构，加快绿色产业子基金的投放工作，提高基金使用效率，助推产业发展和脱贫攻坚。〔牵头单位：省财政厅；责任单位：省地方金融监管局、省农业农村厅，各市（州）人民政府，重点县（市、区）人民政府〕

（六）抓好政策性保险。整合各级财政涉农资金支持开展农业保险，鼓励和支持种植户、专业合作社、龙头企业积极参保，全面开展自然灾害保险，确保应保尽保。在重点县推广目标价格指数保险，实现"有灾保成本、无灾保收益"。〔牵头单位：省地方金融监管局；责任单位：省财政厅、省银保监局、省农业农村厅，各市（州）人民政府，重点县（市、区）人民政府〕

（七）抓好产销衔接。抓好生态贵椒进机关、学校、社区、医院、企事业单位、超市、军营"七进"活动，保障省内市场销售，补齐农产品流通短板，充分利用蔬菜集团拓展辣椒省外销售渠道。积极为辣椒种植县和企业搭建平台，鼓励双方签订订单，按照企业需求种植辣椒。支持中国辣椒城运营主体，发挥国有企业的优势，提升辣椒城的硬实力和软实力，力争建成国家级辣椒进出口贸易平台。〔牵头单位：省商务厅；责任单位：省农业农村厅、省辣椒产业协会，各市（州）人民政府，重点县（市、区）人民政府〕

（八）举办"贵州·遵义辣椒博览会"。全力办好"第5届贵州·遵义辣椒博览会"，通过"辣博会"促进产销衔接，提升生态贵椒品牌影响力和市场占有率。〔牵头单位：省农业农村厅、遵义市人民政府；责任单位：省商务厅，省辣椒产业协会、各市（州）人民政府〕

（九）完善辣椒价格指数发布体系。完善遵义朝天椒价格指数发布机制，新增发布山东新一代、河南三樱椒和印度进口辣椒等3支辣椒价格指数，充分发挥价格指数对辣椒种植、加工、销售、金融、保险和期货等方面的作用，建成全国辣椒集散中心、交易中心、定价中心和信息发布中心。积极配合中国证监会、大连商品交易所，建成辣椒期货主交割库。（牵头单位：遵义市人民政府；责任单位：省农业农村厅、省大数据局）

（十）加大宣传推介。充分利用国家级新闻媒体、地方新闻媒体平台宣传推荐贵州辣椒产业和生态贵椒，扩大生态贵椒"朋友圈"。在中央广播电视台播放生态贵椒宣传专题片，依托"贵州省辣椒产业协会"建立贵州辣椒流通公共品牌"贵椒"，利用多种方式宣传贵州辣椒产业和生态贵椒品牌，在目标大城市举办宣传推荐活动。〔牵头单位：省农业农村厅；责任单位：省委网信办、贵州广播电视台、贵州日报、多彩贵州网，省辣椒产业协会、各市（州）人民政府，重点县（市、区）人民政府〕

三、工作保障

（一）完善工作机制。小组成员单位要各司其职、密切配合、强化措施、协作联动，集中研究解决工作推进中遇到的困难和问题，积极推进产业发展。各地要明确工作职责，建立目标责任制、完善工作机制，强化工作协调，上下联动，一个环节一个环节研究，一个问题一个问题抓好工作落实。每月向省辣椒产业发展领导小组办公室报送有关工作推进情况。

（二）加强政策扶持。制定细化实施方案，将各项指标层层分解，明确目标任务，抓好生产、加工、销售各个环节工作任务的落实。各成员单位和市（州）和重点县（市、区）要根据本实施方案制定相应的实施细则，完善出台用地、用电、用水、物流、加工等方面的招商引资优惠政策，层层抓好政策措施落实。

（三）强化调度督查。要强化统筹调度，督促检查，抓具体抓深入。坚持问题导向、目标导向、结果导向，及时发现问题、解决问题，促进发展，确保各项目标任务顺利实现。

附表 3-1　2020 年全省辣椒产业发展目标任务分解表

附表 3-1

2020年全省辣椒产业发展目标任务分解表

市（州）	种植规模（万亩）	产量（万吨）	产值（亿元）	规模化基地面积（万亩）	换种工程（万亩）	省级示范点	市（州）示范点	县级示范点
全省	515	685	230	150	60	20	40	80
遵义市	210	260	90	65	32	8	16	32
毕节市	80	124	42.5	30	15	3	6	12
黔南州	66	92	28	15	3	1	2	4
铜仁市	55	70	23	16	2	1	2	4
黔东南州	32	38	14	6	1	2	4	8
安顺市	26	45	13	7	5	2	4	8
黔西南州	21	24	9	5	1	1	2	4
贵阳市	15	19	6.5	4	0.5	1	2	4
六盘水市	10	13	4	2	0.5	1	2	4

附件 4

2020 年贵州朝天椒优势特色产业
集群实施方案

按照《农业农村部办公厅 财政部办公厅关于开展优势特色产业集群建设的通知》（农办计财〔2020〕7 号）、《农业农村部 财政部关于公布 2020 年优势特色产业集群建设名单的通知》（农产发〔2020〕2 号），为切实推进我省 2020 年贵州朝天椒集群建设，结合我省实际，特制定本实施方案。

一、指导思想

以习近平新时代中国特色社会主义思想为指导，牢固树立新发展理念，落实高质量发展要求，围绕乡村振兴战略部署，坚持市场主导、政府扶持的原则，按照全产业链开发、全价值链提升的思路，集中资金资源，着力解决好产业发展中的品种、基地、加工、市场等关键环节，围绕建设全国辣椒新品种研发中心、全国优质辣椒种植中心、国际辣椒食品加工中心、国际辣椒贸易中心为目标，全力推进品种、种植、加工、流通、市场、品牌等全产业链发展，形成一二三产深度融合发展的辣椒产业集群，把贵州省由"辣椒大省"打造成"辣椒强省"。

二、建设目标

2020 年，产业集群种植面积 150 万亩、产量 160 万吨、产值 50 亿元、加工产值 80 亿元，国家级辣椒专业批发市场交易量 50 万吨，交易额 100 亿元，带动全省朝天椒 230 万亩、辣椒 460 万亩、产量 460 万吨、产值 135 亿元，加工产值 135 亿元。

三、项目建设内容

贵州省辣椒产业快速发展，但存在生产标准化水平程度有待提高、加工产品类型有待丰富、与全国辣椒产品同质化、市场体系有待完善、经营主体融资难融资贵等问题。以问题和目标导向，主要建设标准化种植工程、加工升级工程、市场品牌建设工程、科技支撑工程、金融创新工程。

（一）标准化种植工程

1. 新品种新技术推广及试验研究。分别在黔西市、瓮安县、麻江县、绥阳县、余庆县、福泉市实施新品种新技术试验示范项目，推广新品种新技术 1 万亩，提高集约化育苗程度和良种覆盖率，推广绿色高质高效技术，提升辣椒产品品质。

建设主体：贵州省黔沃农业科技有限公司、瓮安县鲲鹏农业农民专业合作社、麻江县农业产业发展有限公司、福泉市福江农业发展有限公司、余庆县兴余农业综合开发有限公司、绥阳县农鑫蔬菜专业合作社、绥阳县大红兴旺农业种植农民专业合作社、绥阳县雅泉小康农民专业合作社、绥阳县鸿泰农业投资开发有限公司。

2.标准化、规模化基地建设。在西秀区建设300亩现代集约化育苗基地，建设水肥一体化连片标准示范种植基地2个，共计1500亩；麻江县开展育苗大棚提质改造。

建设主体：贵州秀辣天下农业有限公司、麻江县农业产业发展有限公司。

（二）加工升级工程

1.辣椒加工中心建设。加强加工产业园建设，支持龙头企业实施技术改造，扩能转型升级，提升我省辣椒产品附加值，重点打造贵州北部辣椒调味品加工产业集群、黔中辣椒食品加工产业集群和黔东南酸汤系列辣椒加工产业集群。培育国家级农业产业化龙头企业3家、省级农业产业化龙头企业7家、国有农投公司8家、市（州）级龙头企业9家、农民专业合作社省级示范社1家、农民专业合作社市（州）级示范社2家。

（1）新蒲新区辣椒加工园区建设，建设辣椒食品全自动加工线2条和糟辣椒自动化生产线1条。

建设主体：贵州省贵三红食品有限公司、贵州高原山乡有机食品有限公司、遵义红满坡农业发展有限公司。

（2）湄潭县辣椒加工园区建设，购置6套加工设备，开展辣椒调味品技改扩能、智能化加工设备升级改造。

建设主体：贵州湄潭茯莹食品开发有限公司、贵州统之源食品有限公司、湄潭农商旅投公司等企业。

（3）播州区辣椒加工园区建设，建设3个加工基地，建设2条辣椒产品生产线，改造1条辣椒产品生产线。

建设主体：遵义椒源食品有限公司、贵州遵义健泽山地农业开发有限责任公司、贵州卓豪农业科技股份有限公司。

（4）贵定县加工升级，购置2套加工设备，开展加工设备升级改造及辣椒基地加工建设。

建设主体：贵阳南明老干妈风味食品有限公司、贵州布依姑娘食品有限责任公司。

（5）瓮安县加工基地建设，主要进行加工设备升级改造及辣椒基地加工建设，升级改造2家辣椒加工厂。

建设主体：黔南州田野食品有限公司、辣一辣农业生态有限公司。

（6）西秀区加工升级，购置2套加工设备，开展加工设备升级改造及辣椒基地加工建设。建设主体：贵州秀辣天下农业有限公司。

（7）麻江县加工升级改造，购置3套加工设备，提质改造1条辣椒生产加工线。

建设主体：麻江县明洋食品有限公司。

（8）凤冈县加工升级改造，购置6套加工设备，建设智能化加工生产线1条，开发新食品4个。

建设主体：凤冈勤邦惠民生态农业发展有限公司、贵州爽康农业开发有限公司、凤冈县凤源食品有限责任公司、凤冈县中兴农业开发有限公司、凤冈县高碧山种养殖农民专业合作社、凤冈县绿春蔬菜种植专业合作社。

（9）大方县辣椒加工项目，购置辣椒加工设备4套，建设辣椒生产加工基地2个。

建设主体：贵州大方现代农业产业发展集团有限公司。

（10）黔西市加工基地建设，建设2个加工基地，购置新能源辣椒烘干机，采购两条辣椒酱生产线、采购辣椒粉碎、制粒生产线1条。

建设主体：贵州省黔沃农业科技有限公司、贵州省黔西北辣椒专业合作社。

（11）金沙县加工基地建设，建设1个加工基地，购置3套加工设备，建设1条辣椒产品生产线。

建设主体：贵州隆喜食品有限责任有限公司。

（12）花溪区加工基地建设，建设2个加工基地，建设2条辣椒产品加工线。

建设主体：贵州力合农业科技有限公司、贵阳金钰铮风味食品厂。

（13）福泉市加工基地建设，建设1个加工基地，建设油辣椒自动生产线1条。

建设主体：福泉市保利食品有限公司。

2.辣椒新食品开发。针对不同消费群体和时代发展形势，支持科研院所和企业联合研发辣椒食品新工艺，开发新食品，提升辣椒加工附加值和产品市场竞争力。

建设主体：贵州秀辣天下农业有限公司、贵州湄潭茯莹食品开发有限公司、贵州统之源食品有限公司、贵州省湄潭县野谷草食品有限公司、贵州大学等。

（三）市场品牌建设工程

1. 辣椒专业批发市场建设。中国辣椒城升级改造及湄潭县辣椒市场建设。开展场地改造、交易分区、标准化管理和软硬件配套，进行冷库库容扩充等配套建设，在辣椒城内新建 2 条标准化加工流水线，以满足上下游市场需求，快速消化、储存、交易区域辣椒存量，为下游企业提供稳定品质的产品，保证入库质量。聚集区综合管理数据平台建设，实现智慧园区管理和产业链数据融通，对政府、企业决策给予科学的数据支持，实现产业数据到数据产业的质变，提供全产业链多维度价值服务。升级改造湄潭县辣椒交易市场。

建设主体：贵州省交投农业有限公司、贵州茗城农商旅发展投资集团有限公司、贵州省季皇房地产开发有限公司。

2. 品牌建设。制作遵义辣椒专题宣传片，在中央 1 台等黄金媒体黄金时段打广告做宣传，创建辣椒品牌，并通过广播、电视、网络、报刊、发布会等媒体加以宣传、推介，利用电视台、报刊、论坛、百度、抖音等渠道加强宣传，挖掘、宣传贵椒的文化价值和使用价值，提高遵义辣椒宣传效果和市场影响力，从而提升辣椒产品市场竞争力，提升品牌价值。湄潭辣椒地理标志保护产品及绿色食品等申报。

建设主体：遵义市农业农村局、湄潭县农业农村局。

（四）科技支撑工程

1. 种质资源利用开发。辣椒种质资源收集，具有保存种质资源10000份扩繁保育能力，资源材料扩繁保育；种质资源鉴定与评价；地方优异种质资源改良及杂优利用。

建设主体：省辣椒研究所。

2. 加工技术攻关研发。与我省重点辣椒食品加工企业联合研发辣椒新食品，开展加工技术和加工工艺攻关研究。

建设主体：贵州大学。

3. 辣椒博士工作站。建设1个博士工作站，产学研技术研发，提纯复壮本地珠子椒。

建设主体：凤冈县农业农村局。

（五）金融创新工程

贷款贴息。对辣椒产业经营主体贷款利息进行50%贴息。

建设主体：省农业农村厅。

四、资金使用环节

（一）标准化基地建设补助

支持良种工程种苗、绿色防控、水肥一体化、物联网建设等补助。

（二）辣椒初加工及加工升级补助

支持辣椒仓储保鲜、烘干、分级、包装等初加工和加工升级改造所购置加工设备、技改和新产品研发等补助。

（三）市场建设补助

辣椒专业交易市场建设和升级改造、冷库、预冷设施、信息化平台建设、追溯体系和直销店建设等补助。

（四）品牌建设补助

品牌创建、推介、宣传、地理标志保护产品及绿色食品等补助。

（五）技术推广服务补助

对辣椒产业集群建设产学研技术攻关，辣椒种质资源库建设及资源保护、开发应用，研发新食品和新品种新技术新模式试验等进行补助。

（六）金融创新补助

对贵椒贷风险代偿和辣椒企业贷款贴息进行补助。

（七）其他注意事项

中央财政资金原则上不得用于已有普惠性政策渠道支持的建设内容，如新建农产品质量安全追溯管理信息平台，购置"全国农机购置补贴机具种类范围"内的农机，建设高标准农田等；不得用于农业生产发展资金不允许建设的内容，如建楼堂馆所、变相搞房地产开发等；不得用于购买一次性消耗品；不得用于建设旅游观光设施或购买与产业发展无关的设备等。中央财政奖补资金对企业的投入原则上要带动 3 倍及以上的社会资本投入。

五、保障措施

（一）强化组织领导。成立由政府主要负责同志任组长的项目建设工作组，按照省级实施方案要求，全面落实任务和要求制定实施方案，加强工作调度，保障集群建设工作有序开展。

（二）精准指导服务。成立项目专家指导组，对贵州辣椒特色优势产业集群建设提供全程技术指导服务，及时解决项目实施的技术难题。

（三）强化监督检查。完善工作调度、风险防控机制，每季度一调度、每半年通报一次实施进展，定期对项目县开展督导检查，督促地方抓好任务落实，对实施过程中发现的问题，及时督促整改。省农业农村厅按照省级考核办法和县级实施方案确定的任务目标，对项目县进行考核评价。县级也要制定的相应的考核办法，对建设主体进行考核评分和验收。项目资料装订成册、归档立案，按规定报送实施进度等信息。

（四）强化宣传引导。各地要广泛利用各类媒体，全方位、多角度宣传贵州朝天椒优质产业集群建设工作。总结推广各地的好做法、好经验，报道一批集群建设典型案例，讲好农业绿色发展故事，营造良好的舆论氛围。

（五）强化资金管理。按照《农业农村部 财政部关于做好2020年农业生产发展等项目实施工作的通知》（农计财发〔2020〕3号）、《财政部 农业农村部关于修订印发农业相关转移支付资金管理办法的通知》（财农〔2020〕10号）要求，加强资金监管，规范使用行为，切实提高财政资金使用效益。项目建设涉及政府采购管理范围的，按政府采购管理有关规定执行；严格按照相关公示程序进行公示。

2021 年度贵州省辣椒产业推进计划及责任分工方案

　　为深入贯彻落实省委十二届八次全会精神和省委、省政府关于深入推进农村产业革命的决策部署，提高辣椒产业标准化、规模化、品牌化水平，促进辣椒产业高质量发展，巩固拓展脱贫攻坚成果同乡村振兴有效衔接，按照《贵州省农村产业革命辣椒产业发展推进方案（2019—2021 年）》要求，确保按时完成今年的目标任务，特制定本方案。

一、目标任务

　　2021 年，推进辣椒产业高质量发展，种植面积稳定在 500 万亩以上，建成规模化、标准化基地 200 万亩，产量稳定在 650 万吨以上、种植业产值达到 230 亿元以上，推进加工升级，加工产值达到 150 亿元以上，辣椒交易额突破 800 亿元，推动实现辣椒大省向辣椒强省跨越，为促进农民持续增收、稳定脱贫和乡村产业振兴奠定坚实基础。

二、区域布局

继续优化"两带五区"布局，重点打造30万亩县2个，20万亩县2个，10万亩县17个，每个重点县主推品种不超过3个。

黔北—黔东北加工型辣椒产区主要推广朝天椒品种，重点布局在播州、汇川、新蒲、绥阳、湄潭、凤冈、余庆、正安、道真、务川、习水、桐梓、印江、松桃、思南、石阡、德江等地。

黔西北加工型辣椒产区主要推广线椒品种，重点布局在金沙、黔西、大方、七星关、纳雍、威宁等地。

黔南—黔东南鲜食辣椒产区主要推广线椒（条椒）品种，主要布局在瓮安、平塘、都匀、独山、长顺、贵定、黄平、施秉、岑巩、锦屏、天柱等地。

黔中鲜食产区主要推广线椒（条椒）品种，主要布局在开阳、修文、清镇、花溪、西秀、镇宁、关岭、平坝等地。

低热河谷早春辣椒产区主要推广鲜食青椒品种。重点布局在罗甸、望谟、册亨、三都、荔波、平塘、独山、兴义、惠水、都匀、龙里、贵定、长顺、福泉、榕江、关岭、习水、赤水等地。

三、重点措施

（一）加强优良品种推广。开展辣椒"良（换）种工程"，主推遵椒、遵辣、黔辣、辣研、贵椒等特色优势品种，规模化基地良种覆盖率达 100%。打造省、市、县三级育苗体系，建设一批集约化工厂化商品苗繁育基地，支持有条件的种业企业根据市场需求和生产需要，挖掘和提高生产潜能，开展定向定量育苗，探索种繁推一体化，开展试点工作，促进我省特色优势辣椒品种标准化、规模化、产业化发展，确保良种壮苗的有效供给，力争集约化育苗率达到 65% 以上。加大新优辣椒品种试验示范力度，充分利用辣椒种质资源库，建立完善名优辣椒品质评价体系和标准体系，开发利用我省地方特色辣椒种质资源。加大对假冒伪劣种子的打击力度，严格源头管制，规范市场秩序。〔牵头单位：省农业农村厅；责任单位：省科技厅、省农科院，各市（州）政府〕

（二）加强基地建设。围绕冬春坝区农业产业结构调整和主产区布局，完善机耕道、生产便道、水利灌溉、电力、物联网等基础设施，配套集约化育苗、山地农机、冷链物流、烘干设施设备等，建设能排能灌、通行便利、抗灾能力较强的规模化、标准化生产基地。加大辣椒绿色、有机生产技术推广和认证力度，推进辣椒标准化生产，抓好标准宣传实施，建成规模化、标准化基地 200 万亩。利用"两江一河"低热河谷条件，重点在黔南地区建设早春辣椒示范基地，全省种植早春辣椒 40 万亩，及时加强早春辣椒防寒保暖工作，做好应对低温凝冻天气预案和措施准备。在罗甸、三都、望谟等地积极开展秋延晚试验，研究秋延晚高效种植模式和技术，破解秋延晚瓶颈问题。〔牵头单位：省农业农村厅；责任单位：省发展和改革委员会、省财政厅、省水利厅，各市（州）政府，重点县（市、区）政府〕

（三）强化科技支撑。推广集约化育苗、水肥一体化、增施有机肥、绿色防控等绿色高效生产技术，推广"稻—椒—菜""菜—椒—菜""椒—菌"等绿色高效种植模式，生态化栽培技术覆盖率90%以上；在播州、正安、花溪等地开展分布式农业数字化网络协同管理试点；多层次、多批次举办育苗、田间管理、采收等现场观摩会；全面禁止使用化学除草剂和限用农药，推广易回收或可降解的标准地膜。建设辣椒标准化种植省级示范点30个、市（州）示范点60个、县级示范点100个，在播州、正安、余庆、福泉、松桃等辣椒重点县探索依靠专业技术服务公司开展社会化技术指导服务；充分利用省辣椒专家团队、辣椒产业研究院、省人才基地、特色人才基地，开展辣椒专业技术培训和指导服务；制定、修订辣椒种植技术、加工、交易流通等系列标准9项，鼓励和支持企业制定、修订企业标准，完善标准化体系建设。加大科技研发力度，设立科技重大专项，支持品种选育、新品种开发、新食品开发和加工工艺提升改造与安全控制技术。〔牵头单位：省农业农村厅；责任单位：省科技厅、省市场监管局、省人力资源和社会保障厅、贵州大学、省农科院、省科学院，各市（州）政府，重点县（市、区）政府〕

（四）建设国家辣椒专业批发市场。加快建设遵义国家辣椒市场，协力解决建设过程中的土地、资金等问题，积极配合中国证监会、大连商品交易所，完善辣椒期货交割库建设，满足期货交割条件，积极对接大商所，努力推动贵州辣椒成为升贴水品种；推进电子交易大厅、大数据综合服务平台建设，进一步完善交易市场、仓储物流、标准化加工厂房建设；细化经营管理措施，建立进场交易产品准入和达标出库制度，保障交易产品品质；推行电子结算，创新交易方式，推进电子交易、拍卖交易、挂牌交易、电子竞拍等，完善遵义朝天椒价格指数发布机制，开发期货价格指数，充分发挥价格指数对辣椒种植、加工、销售、金融、保险和期货等方面的作用，打造全国辣椒集散中心、交易中心、定价中心和信息发布中心，2021 年市场交易量 60 万吨、交易额 120 亿元。（牵头单位：遵义市政府；责任单位：省商务厅、省农业农村厅、省大数据局、贵州证监局）

（五）推进加工升级。充分利用贵州省辣椒发酵制品工程技术研究中心、贵州省辣椒加工工程技术中心，加大辣椒制品加工技术与工程技术的研发力度，大力推广绿色加工技术，开展辣椒原料基地以及辣椒风味质量标准体系建设，鼓励和支持企业开展绿色食品认证，推进产品质量结构升级，规范辣椒加工企业生产经营，促进小作坊企业提档升级，力争引进、培育规模以上加工企业 10 家。加强加工产业园建设，支持龙头企业实施技术改造，扩能转型升级，开发符合消费群体和市场需求的新产品，提升我省辣椒产品附加值，重点建设黔北辣椒食品中心、黔中辣椒调味品中心、黔东南酸汤中心，全省辣椒加工产值达 150 亿元以上。〔牵头单位：省工业和信息化厅；责任单位：省农业农村厅、贵州大学，各市（州）政府，重点县（市、区）政府〕

（六）抓好产销衔接。全面摸清辣椒销售市场底数，培育农村经纪人队伍，积极为辣椒种植县和加工销售企业搭建平台、签订订单，按照企业需求种植辣椒，推进订单生产率达到 80%。支持中国辣椒城等核心企业探索建立辣椒收储风险保障资金池。抓好贵椒进机关、学校、社区、医院、企事业单位、超市、军营"七进"活动，引导生产、流通主体入驻"一码贵州"平台，推动省内辣椒商超直采直配，保障省内市场销售，补齐农产品流通短板，充分利用贵州蔬菜集团拓展辣椒省外销售渠道。建设省外生态贵椒产品专营店、旗舰店、体验店 2 家以上，提高贵椒产品的市场占有率。开展"1+N"产销对接活动，依托对口帮扶资源，突出对口帮扶重点，带动其余市（州）精品，加强同东部地区餐饮行业对接，推动黔菜系列研发，扩大贵州辣椒辐射范围。鼓励发挥行业协会作用，经常组织参加全国糖酒商品交易会、中国国际农产品交易会等行业宣传推介活动。依托京东电商平台，在全国率先搭建地区特色产业馆，组织贵州有发展潜力的企业入驻京东，搭建贵州辣椒直播间。配合"贵州辣椒"片区推广，组织实施"流动电商辣博会"。全力办好"第 6 届贵州·遵义辣椒博览会"，通过"辣博会"促进产销衔接，提升贵椒品牌影响力和市场占有率。〔牵头单位：省商务厅；责任单位：省农业农村厅，各市（州）政府，重点县（市、区）政府〕

（七）抓好政策性保险。按规定统筹相关资金支持开展农业保险，鼓励和支持种植户、家庭农场、专业合作社、龙头企业积极参保，全面开展辣椒自然灾害保险，特别是 40 万亩早春辣椒自然灾害保险实现全覆盖，确保应保尽保。在重点县推广气象指数保险和目标价格指数保险，实现"有灾保成本、无灾保收益"。〔牵头单位：省财政厅；责任单位：省地方金融监管局、省银保监局、省发

展和改革委员会、省气象局、省农业农村厅，各市（州）政府，重点县（市、区）政府〕

（八）加大品牌建设力度。推进贵椒公共品牌和地方特色优势地理标志品牌建设，制定系统宣传策划方案，举办贵椒品牌及地方特色品牌发布会。充分利用国家级新闻媒体、地方新闻媒体平台宣传推荐贵州辣椒产业和贵椒，持续发布"贵州辣椒"产业信息，分片区在目标大城市举办专题宣传推荐活动，推进辣椒产业的国家品牌和国际品牌建设工作，扩大贵椒系列品牌影响力。〔牵头单位：省农业农村厅；责任单位：省委宣传部、省市场监管局，各市（州）政府，重点县（市、区）政府〕

（九）加强产业集群建设。认真编制全省辣椒产业"十四五"规划，全面落实全国优势特色产业集群建设现场推进会精神，聚焦"四个一批"目标，突出"五群"建设，完善项目建设机制，积极争取国家资金支持，加快推进贵州朝天椒优势特色产业集群项目建设。〔牵头单位：省农业农村厅；责任单位：省财政厅，各市（州）政府，重点县（市、区）政府〕

四、工作保障

（一）完善工作机制。小组成员单位要各司其职、密切配合，强化措施、协作联动，集中研究解决工作推进中遇到的困难和问题，积极推进产业发展。各地要明确工作职责，建立目标责任制，完善工作机制，强化服务保障和统筹协调，上下联动，一个环节一个环节研究，一个问题一个问题抓好工作落实。

（二）加强政策扶持。制定细化实施方案，将各项指标层层分解，明确目标任务，抓好生产、加工、销售各个环节工作任务的落实。各成员单位和市（州）和重点县（市、区）要根据本实施方案制定相应的实施细则，完善出台用地、用电、用水、物流、加工等方面的招商引资优惠政策，层层抓好政策措施落实。

（三）加大资金投入力度。整合现有资金、政策性银行扶持资金，撬动社会资金，加大对辣椒产业基础设施建设和市场开拓。推广"农银企产业共同体（SPV）"模式，改进、完善"贵椒贷"实施方式，大力推广"贵椒贷"，帮助辣椒产业新型农业经营主体解决收储资金、生产资金周转困难等问题。

（四）强化调度督查。强化统筹调度，督促检查，抓具体抓深入，各市（州）辣椒领导小组和省辣椒领导小组成员每月30前将工作情况报送省辣椒专班。坚持问题导向、目标导向、结果导向，及时发现问题、解决问题、促进发展，确保各项目标任务顺利实现。

附表5-1   2021年全省辣椒产业发展目标任务分解表

附表 5-1

2021 年全省辣椒产业发展目标任务分解表

市（州）	种植规模（万亩）	产量（万吨）	产值（亿元）	规模化基地面积（万亩）	良种工程（万亩）	省级示范点	市（州）示范点	县级示范点	三品一标及 GAP 认证（个）
全省	500	650	230	200	165	30	60	100	30
贵阳市	15	20	7	6	5	2	3	4	2
遵义市	210	270	95	85	66	9	20	40	10
六盘水市	8	10	4	3	3	1	2	4	1
安顺市	22	31	11	10	10	3	5	8	3
毕节市	75	100	35	40	30	5	10	15	5
铜仁市	55	71	25	20	15	2	5	8	2
黔东南州	30	37	13	10	10	4	4	7	2
黔南州	65	85	31	20	20	2	8	10	3
黔西南州	20	26	9	6	6	2	3	4	2

附件6

贵州省农村产业革命辣椒产业发展
专项资金管理办法（试行）

第一章 总则

第一条 为加强和规范农村产业革命辣椒产业发展专项资金管理，提高资金使用效益，促进辣椒产业发展，根据《中华人民共和国预算法》《中共中央国务院关于全面实施预算绩效管理的意见》《贵州省人民政府办公厅关于印发贵州省省级财政专项资金管理办法和贵州省省级财政资金审批管理办法（暂行）的通知》(黔府办发〔2012〕34号)等国家和省有关规定，结合我省实际，制定本办法。

第二条 本办法所称辣椒产业是指发展辣椒全过程产业链，包括辣椒基地建设、辣椒产品加工、辣椒品牌建设以及产品市场营销等环节及其业态。

第三条　本办法所称农村产业革命辣椒产业发展专项资金（以下简称专项资金）是指省级财政安排，用于支持辣椒产业发展的专项资金。

第四条　本办法所称辣椒产业发展项目是指辣椒种植、加工、销售等环节开展的生产经营活动，包括配套水、电、路等基础设施建设项目。

第五条　专项资金由省财政厅会同省农业农村厅（省农村产业革命辣椒产业发展领导小组办公室，以下简称省农业农村厅）按照"市场导向、示范带动、分类施策、绩效奖补、总额控制"的原则分配、使用和管理。

省财政厅会同省农业农村厅编制年度预算、分配及下达资金，对专项资金进行绩效管理。

省农业农村厅负责辣椒产业发展年度计划编制，指导、推动和监督开展辣椒产业建设，监督计划任务完成情况，编制年度申报指南，会同省财政厅做好年度预算编报、资金分配下达，绩效目标制定和评价等工作。

第二章　资金使用管理

第六条　专项资金主要用于以下几个方面：

（一）辣椒标准化规模化种植基地补助。

（二）购置烘干设备补贴。

（三）开展集约化育苗补贴。

（四）辣椒加工、收储、流通企业和农民专业合作社贷款贴息补助。

（五）省委、省政府确定的其他辣椒产业重点工作。

（六）对省级财政其他资金已经支持的项目，专项资金原则上不再支持。

（七）专项资金不得用于兴建楼堂馆所、弥补预算支出缺口等与辣椒产业发展无关的支出。

第七条　专项资金扶持对象主要是辣椒企业、农民专业合作社、农村个体生产经营者以及从事辣椒品种培育、产品研发相关工作的科研单位、社会团体等。

第八条　专项资金可以采取直接补助、先建后补、政府购买服务、贷款贴息等支持方式。具体由省农业农村厅商省财政厅确定。

第九条　专项资金主要按照项目法和因素法分配，统筹考虑政策目标、扶持对象、补助标准、实施期限、绩效管理等，确保资金分配与任务相统一。

第十条　专项资金严格执行国家有关财务管理规定，实行专人管理、专账核算、专款专用。各级财政、农业农村主管部门应当加快预算执行，提高资金使用效益。

第十一条　各级财政部门应根据法律法规、财务制度、项目建设和国库集中支付制度有关规定及时、足额支付专项资金，并加强管理和监督。属于政府采购管理范围的，按照政府采购有关规定执行。

第三章　补助标准和资金申报

第十二条　资金补助标准。

（一）辣椒种植基地建设补助。对辣椒种植相对集中连片面积300亩（含）以上，原则上每亩补助不超过50元。

（二）购置烘干设备补贴。烘干设备购置价格在10万元（含）以上，原则上补助不超过购置价格的30%，单个企业最高补贴不超过100万元。

（三）开展集约化育苗补贴。开展集约化集中育苗可栽面积100亩（含）以上，原则上按每亩补助不超过30元。

（四）贷款贴息补助资金。用于辣椒加工、收储、流通环节的贷款额度100万元（含）以上，原则上补贴不超过利息支出的50%，单个企业或合作社最高补贴不超过100万元。

第十三条　申请专项资金的申报主体应分别对应满足以下条件：

（一）申请辣椒种植基地补助：年度相对集中连片种植辣椒面积300亩（含）以上的企业、农民专业合作社和农村个体生产经营者。

（二）申请购置烘干设备补贴：年度购置烘干设备价格在10万元（含）以上的企业和农民专业合作社。

（三）申请开展集约化育苗补贴：年度开展集约化集中育苗可栽面积100亩（含）以上的企业、农民专业合作社和农村个体生产经营者。

（四）申请贷款贴息补助：年度辣椒加工、收储、流通环节贷款额度 100 万元（含）以上的企业和农民专业合作社。

（五）辣椒企业、农民专业合作社等经营实体申报的，必须与当地建档立卡贫困户建立合理的利益联结机制。

第十四条 资金申报程序。

（一）县级初审。符合条件的项目申报主体填写专项资金申请表（附件6-1）报县级农业农村部门，同时提供所需申报材料（附件6-5），县级农业农村部门组织对申报项目有关内容进行初审，初审合格后，报经县级人民政府同意后上报市级农业农村部门。

（二）市级复审。市级农业农村部门对县级申报的项目进行复审，复审合格的项目报省农业农村厅，并将复审结果反馈县级农业农村部门。

（三）省级审定。省农业农村厅牵头汇总申报情况，并进行抽查核定。

第十五条 资金拨付。省农业农村厅会同省财政厅拟定资金分配方案，报经省领导小组审定同意后，省财政厅会同省农业农村厅将专项资金一次性拨付到县级财政部门，县级财政部门向项目申报主体兑现专项资金。

第四章 绩效评价和监督管理

第十六条 各级财政部门和农业农村部门应当加强对专项资金和项目的预算绩效管理。省财政厅会同省农业农村厅建立健全专项资金预算绩效管理制度，完善绩效目标管理，组织实施专项资金绩效评价。

第十七条　各级农业农村部门要加强对项目实施单位的绩效管理工作，对偏离绩效目标的项目，要及时提出改进措施，督促项目实施单位对照绩效目标开展工作。项目实施单位要牢固树立"花钱必问效，无效必问责"的绩效管理意识，自觉接受项目组织部门的指导，做好绩效自评工作。

第十八条　各级农业农村部门应当按照《中华人民共和国预算法》《中华人民共和国预算法实施条例》《中华人民共和国政府信息公开条例》等有关规定，公开辣椒产业发展扶持政策，接受社会监督。

第十九条　各级财政部门、农业农村部门及其工作人员在专项资金分配方案的制定和复核过程中，违反规定分配资金，或者向不符合条件的单位或项目分配资金，以及滥用职权、玩忽职守、徇私舞弊的，按照《预算法》《公务员法》《监察法》《财政违法行为处罚处分条例》等有关法律法规规定追究责任；涉嫌犯罪的，移送司法机关处理。

第二十条　各级农业农村部门应积极配合审计和监督检查等工作，对发现的问题及时组织整改。

第二十一条　监督检查、绩效评价和预算执行监管结果将作为分配专项资金的重要依据。

第五章　附则

第二十二条　本办法由省财政厅和省农业农村厅负责解释。

第二十三条　本办法自印发之日起实施，有效期三年，期间可根据实际执行情况适时修订完善。期满后根据法律、行政法规和国务院、省委省政府有关规定、工作形势的需要及绩效评估确定是否继续实施和延续期限。

附件 6-1

农村产业革命辣椒产业发展专项资金
（种植基地补助）申请表

项目名称			
申报单位名称（公章）			
联系人		电话	
单位地址			
一、申报单位基本情况 （包括辣椒种植、加工、销售等情况）			
二、辣椒种植基地补助			
基地面积（亩）	主要建设地点 （到村）	主推品种	申报资金额度 （万元）
三、项目绩效（包括经济、社会、生态等效益分析及项目实施情况）			
四、与当地建档立卡贫困户利益联结机制建立情况			
县级农业农村局意见 单位公章： 负责人（签章）： 年　月　日	市级农业农村局意见 单位公章： 负责人（签章）： 年　月　日	省农业农村厅意见 单位公章： 负责人（签章）： 年　月　日	

附件 6-2

农村产业革命辣椒产业发展专项资金
（购置烘干设备补贴）申请表

项目名称				
申报单位名称 （公章）				
联系人		电话		
单位地址				
一、申报单位基本情况 （包括辣椒种植、加工、销售等情况）				
二、购置烘干设备补贴				
烘干设备名称 （型号）	数量 （台/套）	购置价格 （万元）	申报资金额度 （万元）	申请比例 （%）
三、项目绩效（包括经济、社会、生态等效益分析及项目实施情况）				
四、与当地建档立卡贫困户利益联结机制建立情况				

县级农业农村局意见	市级农业农村局意见	省农业农村厅意见
单位公章： 负责人（签章）： 年　月　日	单位公章： 负责人（签章）： 年　月　日	单位公章： 负责人（签章）： 年　月　日

附件 6-3

农村产业革命辣椒产业发展专项资金

（集约化育苗补贴）申请表

项目名称				
申报单位名称 （公章）				
联系人		电话		
单位地址				
一、申报单位基本情况 （包括辣椒种植、加工、销售等情况）				
二、辣椒集约化育苗补贴				
集约化集中育 苗可栽面积 （亩）	主要育苗 地址	主要移栽地点 （到村）	主推品种	申报资金额度 （万元）
三、项目绩效（包括经济、社会、生态等效益分析及项目实施情况）				
四、与当地建档立卡贫困户利益联结机制建立情况				
县级农业农村局意见 单位公章： 负责人（签章）： 年　月　日	市级农业农村局意见 单位公章： 负责人（签章）： 年　月　日		省农业农村厅意见 单位公章： 负责人（签章）： 年　月　日	

附件 6-4

农村产业革命辣椒产业发展专项资金
（贷款贴息补助）申请表

项目名称			
申报单位名称 （公章）			
联系人		电话	
单位地址			
一、申报单位基本情况 （包括辣椒种植、加工、销售等情况）			
二、贷款贴息补助			
贷款额度 （万元）	利息支出 （万元）	申报资金额度 （万元）	申请比例 （%）
三、项目绩效（包括经济、社会、生态等效益分析及项目实施情况）			
四、与当地建档立卡贫困户利益联结机制建立情况			
县级农业农村局意见 单位公章： 负责人（签章）： 年 月 日	市级农业农村局意见 单位公章： 负责人（签章）： 年 月 日	省农业农村厅意见 单位公章： 负责人（签章）： 年 月 日	

农村产业革命辣椒产业发展专项资金申报材料清单

（一）辣椒种植基地补助：土地流转协议、种子种苗采购协议、种植档案、种植基地图片等材料。

（二）购置烘干设备补贴：购置合同、发票、设备安装运行图片等材料。

（三）开展集约化育苗补贴：育苗用于销售的，需提供辣椒种子采购协议和发票、辣椒苗销售协议和销售记录、育苗管理档案、育苗图片等材料；育苗用于申报主体自建基地种植的，需提供种子种苗采购协议、土地流转协议、育苗管理档案、育苗图片、种植基地图片等材料。

（四）贷款贴息补助：贷款批准文件、贷款合同或相关材料、资金到位凭证、贷款支出明细、利息支付凭证等材料。

附件7

贵州省辣椒产业"贵椒贷"
金融支农合作方案

为切实解决全省辣椒产业生产经营主体"融资难、融资贵、融资慢"问题，拟从省级辣椒产业发展专项资金等安排一定比例的资金建立贵州省辣椒产业"贵椒贷"金融支农资金池，通过对全省辣椒产业经营主体在申请银行贷款、担保融资等方面给予支持，按实际到位资金的5～10倍比例带动金融资本投入。相关方案如下：

一、基本思路

"贵椒贷"是金融机构向全省辣椒产业经营主体发放用于发展辣椒产业的专项贷款，由贵州省农业信贷融资担保股份有限公司（以下简称省农担公司）向银行提供担保，风险由省农担公司、银行、资金池按一定比例承担的一种增信金融产品。即通过财政专项资金建立"贵椒贷"金融支农资金池（以下简称资金池），当"贵椒贷"

形成不良贷款后，风险由省农担公司和银行按比例承担，资金池对省农担公司所产生的代偿额度高于年度代偿率2%的部分给予风险补偿。主要目的是充分调动担保机构为"贵椒贷"经营主体提供担保的积极性，缓解辣椒经营主体融资难融资贵等问题。

二、资金池规模及来源

"贵椒贷"资金池初设4000万元，由贵州省农村产业革命辣椒产业发展领导小组办公室（以下简称省辣椒专班）统筹2020年省级辣椒产业发展专项资金2000万元和贵州朝天椒产业集群资金2000万元。根据资金池运作情况，后续再调整规模。

三、管理模式

省辣椒专班、贵州省贵鑫瑞和创业投资管理有限责任公司（以下简称贵鑫瑞和公司）、省农担公司及中国建设银行股份有限公司贵州省分行（以下简称建行省分行）、贵州省农村信用社联合社（以下简称省农信社）、贵阳银行股份有限公司（以下简称贵阳银行）三家合作银行（以下简称合作银行）共同签署四方合作协议，约定将资金池委托给贵鑫瑞和公司采取"封闭运行、专户管理、余额控制"的方式管理运作，贵鑫瑞和公司按当年"贵椒贷"资金池基本资金收益的50%提取管理费。在资金池资金闲置期，可办理大额存款、投资保本型理财产品等，取得的收益归入资金池滚动使用。委托期暂定3年，后期视资金池运作情况决定是否继续运行及重新设置运行机制。

四、项目申报原则及程序

（一）贷款支持对象

贷款支持对象为在贵州注册和纳税的辣椒经营主体（包括但不限于从事辣椒种植、生产加工、贸易），2020年优先支持"9+3"县（区）注册和纳税或生产基地分布在"9+3"县（区）的辣椒经营主体，同时贷款主体应具备以下条件：

1. 贷款主体符合支农支小定位，具有完全民事行为能力，无重大不良信用记录。

2. 有适度的生产经营规模，生产经营管理规范，还款来源有保障，能覆盖贷款本金、利息、担保费等，项目风险措施可控。

3. 所实施的项目对辣椒产业的发展有带动作用，或对脱贫攻坚和农村产业革命有重大促进作用。

（二）贷款额度、期限、模式及用途

原则上单户贷款额度不超过1000万元（含），由省农担公司按"28"风险分担模式进行增信担保，贷款期限不超过3年（含），贷款用途主要为流动资金贷款。

（三）贷款利率

1. 建行省分行：原则上1年（含）期贷款利率执行3.85%，1～3年（含3年）执行4.1%。

2. 省农信社、贵阳银行：原则上1年（含）期贷款利率执行4.6%，1～3年（含3年）执行5.3%。

以上合作银行可随后期市场报价利率变化协商调整贷款执行利

率，原则上 1 个年度内只能调整 1 次。

（四）担保及担保费率

由省农担公司根据辣椒产业经营主体融资需求进行增信担保，省农担公司应弱化反担保条件，并做到应担尽担，优惠担保费率。后期随着国家政策的变化可以协商调整担保费率，原则上 1 个年度内只能调整 1 次。具体为：

1. 贷款金额在 300 万元以内（含）的，原则上担保费率不超过 0.8%（其中"9+3"县区执行 0.5%）。

2. 贷款金额在 300 万～1000 万元（含）的，原则上担保费率不超过 1%（其中"9+3"县区执行 0.8%）。

（五）综合成本控制

1. 建行省分行：

贷款金额在 300 万元（含）以内的，原则上 1 年期贷款综合成本不超过 4.65%（其中"9+3"县区为 4.35%）；1～3 年期贷款综合成本不超过 4.9%（其中"9+3"县区为 4.6%）。

贷款金额在 300 万～1000 万元（含）的，原则上 1 年期贷款综合成本不超过 4.85%（其中"9+3"县区为 4.65%）；1～3 年期贷款综合成本控制在 5.1%（其中"9+3"县区为 4.9%）。

2. 省农信社、贵阳银行：

贷款金额在 300 万元（含）以内的，原则上 1 年期贷款综合成本不超过 5.4%（其中"9+3"县区为 5.1%）；1～3 年期贷款综合成本不超过 6.1%（其中"9+3"县区为 5.8%）。

贷款金额在 300 万～1000 万元（含）的，原则上 1 年期贷款综合成本不超过 5.6%（其中"9+3"县区为 5.4%）；1～3 年期贷款综合成本控制在 6.3%（其中"9+3"县区为 6.1%）。

（六）贷款申报及发放程序

1. 项目申请。辣椒产业经营主体向所在县（区）辣椒专班（或农业农村局）提出"贵椒贷"申请，县（区）辣椒专班（或农业农村局）在 3 个工作日内出具"贵椒贷"推荐意见报市（州）辣椒专班（或农业农村局），市（州）辣椒专班（或农业农村局）在 2 个工作日内向省辣椒专班推荐。

2. 项目立项。省辣椒专班根据各县（区）推荐情况在 3 个工作日内对项目进行审查，通过后同步推荐给省农担公司及合作银行。

3. 尽职调查。省农担公司与合作银行对省辣椒专班推荐的项目，负责进行风险识别、评估和审批，在 10 个工作日内完成尽职调查、担保及贷款评审，省农担公司及合作银行在评审完成后 1 个工作日内向省辣椒专班反馈其评审情况，原则上省农担公司对贷款项目进行合规性确认，不再开展重复尽职调查工作。

4. 贷款发放。同意贷款的，由省农担公司与经营主体在评审完成后的 5 个工作日内签订担保合同，合作银行与经营主体在担保合同签订后的 3 个工作日内签订贷款合同并发放贷款。贷款发放完成后，合作银行在 1 个工作日内将相关情况报送省辣椒专班、贵鑫瑞和公司备案。

（七）贷款进度安排

省辣椒专班、合作银行、省农担公司以及贵鑫瑞和公司应通力配合，在本方案通过后半年内，各合作银行发放贷款规模应达到资金池在其开户存款规模的 5 倍以上；1 年以内，各合作银行发放贷款规模应达到资金池在其开户存款规模的 8～10 倍。

五、补偿对象、标准及程序

（一）补偿对象。资金池补偿对象为向辣椒产业经营主体提供"贵椒贷"融资担保的省农担公司。

（二）补偿范围。本金及利息。

（三）补偿程序。当省农担公司"贵椒贷"产品年度代偿率超过 2% 即启动资金池补偿程序。即：省农担公司将风险情况说明、代偿凭证、保证合同、贷款合同等资料以书面形式报送至省辣椒专班审查，审查通过后，省辣椒专班以书面形式通知贵鑫瑞和公司在 2 个工作日内按比例划拨补偿资金至省农担公司。

（四）补偿额度。发生风险补偿时，资金池以余额为限对省农担公司进行风险补偿，不足部分由省农担公司和合作银行按风险承担比例自行承担。

（五）追偿程序。省农担公司及合作银行按照法定程序进行追偿，追偿所得扣除相关费用后原渠道返还资金池。项目所在地县（区）及省辣椒专班通过行政手段协助追偿。

六、风险防范措施

（一）预警机制。为规范和加强资金池风险控制和管理，提高风险防范意识，合作银行应做好贷后管理工作，加强风险预警，对出现可能会危及贷款资产安全的预警信号进行分析，通报各方后，采取相应措施，积极主动防范、控制和化解风险，最大限度地减少各方损失。

（二）补偿机制。为提高省农担公司及合作银行对"贵椒贷"经营主体提供担保及贷款的积极性，建立资金池补偿机制，弱化反担保，解决企业融资难的问题，后期视"贵椒贷"投放情况省辣椒专班可追加资金池资金，确保资金池规模能达到最大限度发挥融资担保杠杆撬动作用。

（三）追偿机制。为做到"贷得出、用得好、收得回"的有效资金管理，建立贷款追偿机制，即由省农担公司、合作银行、当地县（区）及省辣椒专班通过法律诉讼、行政手段等方式加强对不良贷款的追收。

（四）黑名单管理机制。对存在恶意逃避债务、弄虚作假等情形的"贵椒贷"经营主体，纳入黑名单管理，省辣椒专班不再给予政策及资金等支持，并公布其不良行为及违约情况。

（五）资金池监管机制。贵鑫瑞和公司在合作银行开立专户进行资金管理，首批合作银行为建设银行、省农信社、贵阳银行，原则上各存放 1/3 资金池资金，也可以按合作银行支持辣椒产业发展情况确定额度，以后根据当年考核选择下一年度开户行。资金池实行专户管理、独立核算、余额控制，不得以任何形式挪用，严格按照规定安全运营，自觉接受省辣椒专班的监督。

（六）政银担系统协同发展机制。为加快辣椒产业项目落地，省辣椒专班加强协调市场监管、公检法、人民银行等部门，在办理抵押、法律诉讼、征信记录等方面给予大力配合和支持，切实保障各方利益。

七、退出机制

"贵椒贷"产品出现下列情况之一时，合作四方按约定退出。

（一）"贵椒贷"资金池专户资金余额不足以支持业务发展时，合作四方按比例追偿完毕后约定退出。

（二）委托期限满，四方按约定追偿完毕后退出，退出后"贵椒贷"资金池专户资金余额按原渠道返回省农业农村厅专户管理。

（三）合作四方未按约定履行"贵椒贷"产品相关义务时，合作四方约定退出。

（四）人民银行、银保监部门或政府职能机构有新的规定，导致本协议不符合监管要求，四方约定退出。

（五）不符合四方协议约定的其他退出情况。

八、职责分工

（一）省辣椒专班：负责统筹协调工作，建立工作协调机制，出台工作实施方案，编制辣椒产业发展规划和年度资金预算，建立"贵椒贷"项目库，组织项目申报和推荐，建立扶贫利益联结机制，审批使用资金池资金，对资金池专户开立银行进行考核评价，指定开户银行，建立"贵椒贷"经营主体黑名单制度。若省辣椒专班撤销，由农业农村厅履行上述职责。

（二）合作银行：负责对"贵椒贷"项目简化审贷程序，适度放宽审贷条件。评审省辣椒专班推荐的项目，通过后发放贷款，并建立完善的贷款企业档案信息，做好贷后管理并履行法定追偿责任。承担资金池专户管理工作。

（三）省农担公司：负责对"贵椒贷"项目提供担保增信支持，做到应保尽保。同时，在"贵椒贷"发生风险补偿后，省农担公司作为第一责任人履行法定追偿责任。

（四）贵鑫瑞和公司：负责资金池的日常管理，根据省辣椒专班通知向省农担公司拨付补偿资金，并在每月结束后10日内向省辣椒专班报告资金池运行情况。

参考文献

［1］牟玉梅，毛妃凤，张绍刚．贵州省辣椒产业现状与发展建议［J］. 中国蔬菜，2020 (2): 10–12.

［2］李花粉，罗新湖，孟凡乔，等．伊犁地区绿色和有机农产品 产地环境监测与评价方法［J］. 新疆农业科学，2008，45 (S3): 77–82.

［3］韩鹃．汉源金花梨重金属元素分析与 A 级绿色果品生产研 究［D］. 四川农业大学，2007.

［4］姜爱莲，胡亚东．辣椒优质高产水肥管理技术［J］. 农民致富 之友，2012(8): 70–71.

［5］佘文惠，余文中，赖卫，等．辣椒漂浮育苗技术［J］. 农技服务， 2013，30 (11): 1205–1208.

［6］赵克丽．露地朝天椒常见病虫害综合防治技术［J］. 植物医生， 2013，26 (4): 17–18.

［7］陈小军，郑发娇，黎德荣，等．辣 (甜) 椒白绢病等土传病害 的识别与防治［J］. 南方园艺，2011，22 (1): 50–53.

［8］赵志永，朱明，李冀新，等．鲜食辣椒贮藏保鲜技术［J］. 新 疆农垦科技，2018，41(4): 39–40.

［9］赵尊练，宋占锋，史联联，等．辣椒干储藏研究进展及技 术要点［J］. 辣椒杂志，2012，10 (4): 30–33.

［10］刘红斌．辣椒商品化处理及贮运［J］. 保鲜技术保鲜与加工， 2007(3): 53–54.

辣
椒
产
业
发
展
实
用
指
南

［11］辣椒热风干燥操作规程［J］.农业工程技术(农产品加工业)，2014(5): 46-48.

［12］安庆，谭书明，谭翊.辣椒的特性及综合利用研究［J］.中国调味品，2008，33(12): 20-26.

［13］DBS52/ 012—2016.食品安全地方标准贵州发酵辣椒制品［S］.

［14］DBS52/ 014—2016.食品安全地方标准贵州糍粑辣椒［S］.

［15］DB52T/ 981—2015.贵州泡椒加工技术规程［S］.

［16］DBS52/ 013—2016.食品安全地方标准贵州辣椒干［S］.

［17］潘继兰.辣椒保鲜与酸辣椒的加工［J］.农产品加工，2013(9): 3.

［18］何绪晓.发酵辣椒酱工艺及保藏技术研究［D］.贵州大学，2008.

［19］尹乐斌，雷志明，杨莹，等.辣椒加工副产物的综合利用现状［J］.农产品加工，2016(21): 59-61.

［20］杨清香，葛亮，潘锋，等.辣椒资源开发利用状况［J］.农产品加工，2010(10).

［21］陈世化，夏延斌，聂乾忠.辣椒综合利用新进展［J］.中国食物与营养，2007(7): 5-8.

［22］吴艳阳，陈开勋，邵纪生.辣椒素的制备工艺及分析方法［J］.化学世界，2004(4): 218-221.

［23］张慧敏.辣椒红色素和辣椒碱的研究进展［J］.云南化工，2009，36 (1): 66-69.

［24］梁彦，赵鹏，宋人楷.冷杀菌技术及其在包装与食品加工机械上的应用［J］.包装与食品机械，2003(2): 23-26.

［25］谢建华，叶文武，庞杰.辣椒的深加工技术研究进展［J］.辣椒杂志，2004(2): 28-31.

［26］宋庆武，王文哲，张亮.食品加工过程中常见的消毒方式［J］.中国果菜，2020，40 (9)：69-72.

后 记

2019年以来，贵州省委、省政府将辣椒产业作为农村产业革命12个特色优势产业之一重点发展，辣椒产业呈现出了前所未有的蓬勃发展态势。而产业的发展需要技术体系的支撑，特别需要专业的技术资料，能为广大技术干部和生产者提供学习参考。纵观当前已出版的书籍，系统地、全面地介绍贵州辣椒产业发展的资料不多。

此次在贵州省委宣传部的统一部署、贵州大学的精心组织下，有幸编写《辣椒产业发展实用指南》，为贵州辣椒产业发展作出力所能及的贡献，是我们编写组一致的愿望。本书为了能让读者不仅能学到辣椒种植、加工方面的知识，还能较清晰地了解当前贵州辣椒产业发展的现状、思路和相关产业政策等。我们从产业发展的角度出发，查阅了大量资料，以产业政策为内核，以科学技术为指引，选取了适宜广大技术干部和生产者参考学习的篇目，汇编成了贵州辣椒产业发展现状和思路（附贵州省辣椒产业相关政策）、贵州辣椒标准化生产技术以及贵州辣椒制品加工技术三个章节，全面介绍贵州辣椒产业发展。

这本书是贵州大学辣椒产业团队编写组全体成员辛勤努力的成果，是集体智慧的结晶。在成书的过程中，编写组同志倾注了大量的时间和精力，他们利用暑假时间，精心编撰，反复校对，数易其稿，终于付梓。在此，要特别感谢他们！同时，要衷心感谢贵州省辣椒产业发展工作专班给予的支持与帮助，才能使本书较完整地呈现在读者面前。

　　本书在编写的过程中参考了大量资料，所收资料庞杂，虽然我们在编写中反复酝酿、推敲、校对、审核，但百密难免一疏，加上我们水平有限，成书时间仓促，书中错漏和存在问题在所难免，敬请批评指正，谢谢！

编者
2021年9月

乡村振兴与农村产业发展丛书